책이 예쁘다고 너무 곱게 다루진 마세요.
마르고 닳도록 써 보고 말해 보세요.

영어연산 훈련
SENTENCE BUILDING

영어연산훈련 6

저자 박광희 · 캐나다 교사 영낭훈 연구팀 지음
초판 1쇄 인쇄 2015년 6월 17일　**초판 1쇄 발행** 2015년 6월 24일

발행인 박효상　**총괄 이사** 이종선　**편집장** 김현　**기획 · 편집** 박혜민　**디자인책임** 손정수
디자인 · 조판 the PAGE 박성미　**삽화** 이소라
마케팅 이태호, 이전희　**디지털콘텐츠** 이지호　**관리** 김태옥

종이 월드페이퍼　**인쇄 · 제본** 현문자현

출판등록 제10-1835호　**발행처** 사람in　**주소** 121-839 서울시 마포구 양화로 11길 14-10 4F
전화 02) 338-3555(代)　**팩스** 02) 338-3545　**E-mail** saramin@netsgo.com
Homepage www.saramin.com

책값은 뒤표지에 있습니다.
파본은 바꾸어 드립니다.

ⓒ 박광희 2015

ISBN
978-89-6049-553-1　14740
978-89-6049-451-0　(set)

사람이 중심이 되는 세상, 세상과 소통하는 책 사람in

영어연산 훈련

SENTENCE BUILDING

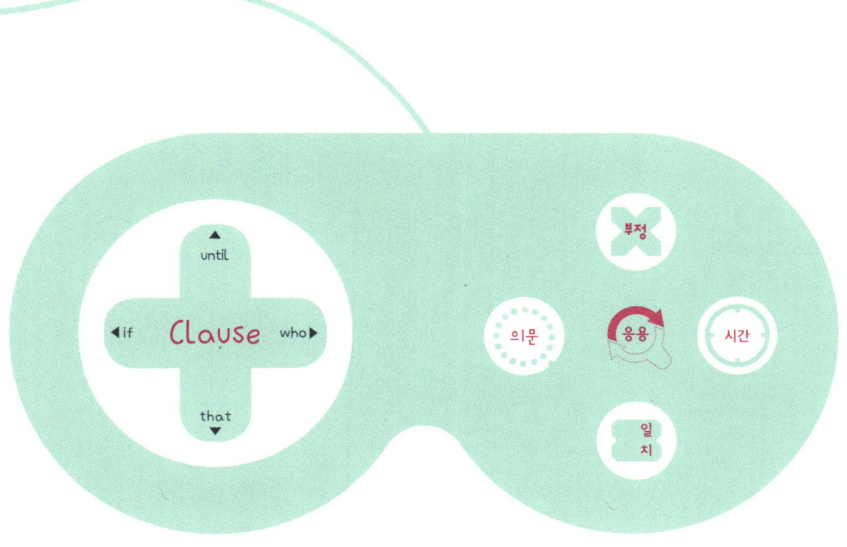

6. 긴 문장 만들기

영어에도
5칙 연산 훈련이
필요하다!

수학에는 연산 훈련이 있다!

왜 미국과 캐나다 사람들은 간단한 암산을 할 때도 계산기를 쓸까요? 머리가 나빠서 계산기 없이는 셈을 못하는 것일까요? 그 이유는 바로, 북미에서는 수학 연산 훈련을 가르치지 않기 때문입니다. 결코 거기 사람들이 머리가 나쁘거나 계산 능력이 떨어져서가 아니에요. 그래서 우리는 암산 능력을 키워 주신 선생님과 부모님께 감사해야 해요. 꾸준히 수학 연산 훈련을 시켜 주신 덕분에 북미 사람들보다 더 빠르고 정확하게 계산할 줄 알게 된 것이니까요.

영어에도 연산 훈련이 필요하다!

수학은 빠르게 암산을 할 수 있도록 꾸준히 연산 훈련을 해왔어요. 하지만 영어는 문법과 단어를 외워서 문제만 풀었지 암산처럼 입에서 자동으로 나오게 하는 훈련을 안 했어요. 문법이 머리에서 맴돌고 금방 입으로 나오지 않는 건 능력이 없어서가 아니라 훈련이 부족했기 때문이에요.

이것은 실험으로도 증명돼요. 'Bobrow & Bower'는 한 집단에게는 이미 만들어진 문장을 외우게 했고, 다른 한 집단에게는 주어와 목적어를 주고 문장을 스스로 만들도록 했어요. 그 결과 주어진 문장을 암기한 집단은 29%가 문장을 다시 생각해 낸 반면, 주어와 목적어를 가지고 직접 문장을 만든 집단은 58%가 다시 그 문장을 기억해 냈어요. 외운 것은 금방 까먹지만 스스로 만든 것은 훨씬 기억에 오래 남는다는 거지요.

영어 5칙 연산

캐나다에 7년째 살면서도 영어를 두려워하던 제 아내 이야기를 해볼게요. 한국에서 영어를 공부한 누구나가 그러하듯 아내 역시 영어가 머리에 둥둥 떠다니고 입으로 나오는 데는 한참이 걸렸어요. 말하는 사람도 답답하고 듣는 사람도 지치고……. 자신감도 점점 잃었지요. 그래서 저는 문법의 문장 적용 능력을 키우기 위한 다섯 가지 규칙을 생각해 냈어요.

수학의 기본 요소인 × ÷ + − 사칙을 이용한 연산 훈련처럼 영어 문법의 기본 요소인 다섯 가지 규칙을 찾아낸 거죠. 이 다섯 가지 규칙을 활용해 꾸준히 영어 연산 훈련을 하면 암산하는 것처럼 빠르게 문장으로 말할 수 있어요. 그렇게 문장을 만들 줄 안다면 언제든 그 문장은 입으로 '툭'하고 나올 거예요.

누구에게나 효과 만점인 '영어 연산'

어학원을 운영하면서 저는 '영어 연산 훈련'의 효과를 더욱 믿게 되었어요. 제가 영어를 사용할 기회가 없는 한국인들에게 권하는 게 낭독과 암송이에요. 영어 문장을 내 몸에 체화시켜 스피킹이 폭발적으로 터지게 하는 학습법이지요. 영어를 사용할 기회가 없는 한국적 상황에 참 좋은 방법이에요.

그런데 기초가 없는 학생들에게는 이게 쉽지 않았어요. 문장을 통해 자연스럽게 어순을 익혀 응용하기까지 생각보다 많은 시간이 걸리는 것이었어요. 그래서 저는 앞서 말한 다섯 가지 규칙으로 조금씩 문법 훈련을 시켜 보았고 결과는 성공! 낭독과 암송을 문법이 받쳐 주니 말문이 터지기 시작하더라고요.

영어 연산 = 문법 다이어트

사람들은 문법을 획일적인 것으로 보는 경향이 있어요. 사실 '독해를 위한 문법'과 '말하기·쓰기를 위한 문법'은 학습 방법이 달라야 한다고 생각해요. 독해란 글로 쓰인 문장들을 해석하는 것이고 말하기는 대화를 위해 즉시 문장을 만드는 작업이니까요. 우리가 독해를 통해 배우는 문장들은 대부분 길고, 또 외국인을 위한 한국어 책처럼 어색한 것들도 많아요. 실생활에서 말하거나 쓸 때 그다지 사용하지 않는 문법 규칙들이 수두룩하죠. 따라서 '영어 연산 훈련'의 효과를 높이려면 말하기에 꼭 필요하고 자주 쓰이는 문법 규칙들을 선별하여 학습해야 해요.

영어 말문이 터지는 교재 『영어 연산 훈련』

그런데 이런 '영어 연산 훈련'의 조건에 맞는 교재를 찾기가 힘들었어요. 그래서 캐나다의 현직 교사들과 팀을 이루어 총 7권의 시리즈로 목차와 구성을 짜고 기획 의도에 알맞은 영어 문장들을 선별하는 작업을 했어요. 말하기에 유용한 문법을 꾸준히 익혀 실생활에서 직관적 문장으로 말할 수 있게 한 혁신적인 영어 학습 과정, 『영어 연산 훈련』은 그렇게 탄생했어요.

Just Do It!

영어 학습에 있어서 최고의 지혜이자 학습법은 Just Do It!이에요. 문법을 머릿속 기억에 그치지 않고 입으로 나오도록 훈련하는 것만이 유창한 영어에 이르는 힘들지만 확실한 길이에요. 부디 독자 여러분의 꿈이 이루어지기를 기원합니다!

캐나다에서 '꿈동이' 박광희

이 책의 순서

unit 01	001-016	that절	pp.19~37
unit 02	017-024	부사절-if	pp.39~48
unit 03	025-032	부사절-before·after	pp.49~58
unit 04	033-040	부사절 – while	pp.59~68
unit 05	041-046	부사절 – until	pp.69~76
unit 06	047-052	부사절-as soon as	pp.77~84
unit 07	053-060	부사절-as	pp.85~94
unit 08	061-066	부사절-as if	pp.95~102
unit 09	067-074	부사절-because	pp.103~112
unit 10	075-080	부사절-since	pp.113~120
unit 11	081-086	부사절-though·although	pp.121~128
unit 12	087-098	관계대명사-who	pp.129~143
unit 13	099-104	관계대명사-which·that ①	pp.145~152
unit 14	105-110	관계대명사-which·that ②	pp.153~160
unit 15	111-120	관계대명사-what	pp. 161~172

이 책의 활용

이 책에는 영어 연산 훈련에 적합한 문법을 담은 120개의 대표 문장이 실려 있습니다. 캐나다 현지 교사들이 초보 학습자가 문법 개념을 잘 이해할 수 있도록 고안한 문장들입니다. 이 120문장을 영어 연산 5칙에 따라 나만의 문장으로 만드는 연습을 해 보세요. 영어 연산 5칙에 따라 스스로 문장을 만드는 과정을 통해 자연스럽게 문법이 체화됩니다.

문법을 빠르게 연산하여 바로 바로 말하는 것을 목표로 훈련을 시작해 보세요!

눈으로 암기하는 문법 개념
영어 연산 훈련을 하기 위해 필요한 문법 개념을 알아봅니다.
문법은 단어를 어떻게 배열할 지에 대한 가이드로 문장의 의미는 단어 배열에 따라 달라집니다. 예문을 여러 번 따라 읽으며 정확한 단어의 순서를 익히세요.

손으로 체화하는 문법 훈련
앞에서 배운 문법을 활용해 문장을 만들어 봅니다.
먼저, 손으로 쓰면서 문장을 완성하세요. 영어 5칙 연산 훈련에 따라 스스로 문장을 만드는 꾸준한 연습이 문법을 체화시켜 줍니다.
그 다음에, 각 문장을 5번씩 낭독하기(음원을 따라 읽기)와 암송하기(외워 말하기)를 하며 입으로도 훈련해 봅니다. 실전 말하기에서 바로 바로 연산할 수 있도록 충분히 훈련하세요.

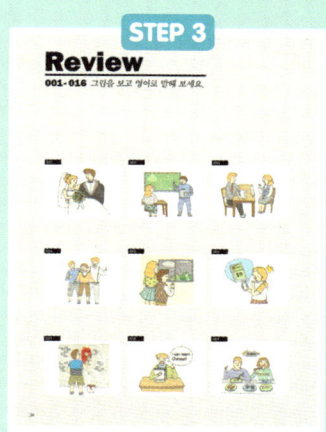

입으로 확인하는 영어 연산
그림을 보고 그동안 배운 대표 문장을 입으로 만들어 봅니다.
말하기 전에 문법을 머리로 생각하는 과정을 생략할 수 있을 때까지 영어 연산을 연습하세요. 꾸준한 영어 연산으로 문법이 문장으로 한방에 나올 수 있어야 비로소 훈련을 마칠 수 있습니다.

정답 및 MP3 파일은
www.saramin.com에서
다운로드 받으실 수 있습니다.

영어!
공부법이 알고 싶다.

① 영어는 공부가 아닌 훈련을 해야 한다.

지식에는 두 가지 종류가 있습니다. 배움을 통해 얻어지는 **명시적 지식**과 익힘을 통해 알게 되는 **암묵적 지식**이 있습니다. 명시적 지식은 수학이나 과학 같이 사실을 암기하거나 논리적 추론으로 이해하는 지식으로 머리를 사용해 배웁니다. 한편, 암묵적 지식은 운동이나 악기처럼 반복적인 훈련을 통해 몸으로 체득하는 지식입니다.

그럼 영어는 명시적 지식에 속할까요? 암묵적 지식에 속할까요?

그동안 우리는 문법과 단어를 외우고 또 외우면서 영어를 암기했습니다. 하지만 놀랍게도 뇌 과학자들은 영어가 암묵적 지식이라고 말합니다. 뇌 영상 연구를 보면 암묵적 지식과 명시적 지식은 뇌의 다른 부분을 사용한다고 합니다. 수학을 공부할 때는 뇌의 다양한 부위를 사용하여 논리적인 추론을 하지만, 언어를 사용할 때의 뇌는 특정 부위만을 사용하는 것입니다.

② '영어 낭독 훈련'과 '영어 암송 훈련'이 답이다.

우리가 문법을 아무리 완벽하게 암기하고 단어를 많이 알아도, 영어를 틀린 방법으로 공부했기 때문에 지금까지 영어로 말하기 힘들었던 것입니다.

아기들이 한국어를 배우는 과정을 살펴볼까요? 옹알이로 시작해 돌 무렵이면 주위 사람들이 하는 말을 듣고 계속 따라 하다가 말문이 트이면 자유자재로 말하게 됩니다. 여기서 중요한 건 듣고 또 듣고 따라 한다는 거죠.

영어도 이처럼 자연스럽게 체화하면 제일 좋겠지만 그러기에 불가능한 환경입니다. 그래서 영어 노출이 거의 없는 한국의 상황에서 **'영어 낭독 훈련'**과 **'영어 암송 훈련'**은 영어를 자유자재로 구사할 수 있게 해주는 비법입니다. 녹음된 외국인의 음성을 듣고 따라 말하는 훈련을 통해 발음과 억양, 리듬감을 정확하게 익히게 됩니다. 영어 문장이 내 몸처럼 익숙해질 때까지 입으로 암송하면 우리가 국어 문법을 배우지 않아도 문법에 맞는 한국어를 할 수 있는 것처럼 영어도 말할 수 있게 됩니다.

③ '영어 낭독 훈련'과 '영어 암송 훈련'에 '영어 연산'을 더하라.

'영어 낭독 훈련'과 '영어 암송 훈련'도 단점이 있습니다. 기본기가 없거나 언어 감각이 부족한 학생들은 내 몸이 기억해서 어느 순간 폭발적으로 스피킹이 터지기까지 너무 많은 시간이 걸립니다.

그때 문법이라는 가이드가 영어를 좀 더 쉽게 체화할 수 있도록 도와줄 수 있습니다. 문법을 알고 암송을 하면 문장을 받아들이는 속도가 빨라집니다. 수영법을 모르고 물에 들어가면 허우적대지만, 수영법을 배우고 물에 들어가면 빨리 뜰 수 있습니다. 이론을 배우면 실전에서 능률이 오르기 마련이지요.

하지만 시중의 영어 문법서들은 대부분 독해와 시험을 위한 문법서입니다. 문법 설명을 외우는 것은 의사소통을 위한 언어 훈련법으로 맞지 않습니다. 그래서 **우리는 『영어 연산 훈련』이라는 훈련용 문법서를 개발했습니다.** '수학 4칙 연산 훈련'이 셈을 빠르게 해주는 것처럼 『영어 연산 훈련』은 문법을 직관적으로 문장에 적용하고 곧바로 말로 나오게 훈련시켜 줍니다.

일치, 시간, 의문, 부정, 응용의 '영어 5칙'은 모든 영어 문장에 들어있는 기본 뼈대입니다. 다섯 가지 법칙을 적용하여 쓰고 말하는 훈련을 꾸준히 한다면, 몸이 문법을 기억하는 동시에 문법 응용 능력이 생겨 스스로 문장을 만들 수 있게 될 것입니다.

『영어 연산 훈련』으로 '머릿속에 머무는 문법'이 문장이 되어 입으로 나오게 해보세요.

영어 연산 훈련을
하기 전에 ...

단어를 성격에 따라 구분해 봅시다.

- 움직임(動)이나 상태를 나타내는 말(詞)이에요.
- 문장의 핵심이에요.
- 인칭, 수, 시제를 나타내요.
  I **am** Judy Kim. 나는 주디 킴이다.
  → 1인칭, 단수, 현재 시제
- 뒤에 무엇이 올지 결정해요.
  He **kept** me waiting. 그가 나를 기다리게 했다.
  → 타동사로 목적어 필요

- 이름(名)을 나타내는 말(詞)이에요.
- 셀 수 있는 명사와 셀 수 없는 명사로 나눌 수 있어요.
  ① 셀 수 있는 명사
    · 두루 쓰이는 일반적인 것의 이름 car, socks, shoes
    · 모임·집단의 이름 family, class, police
  ② 셀 수 없는 명사
    · 특정한 사람이나 사물의 이름 Sumi, the Han River
    · 정해진 모양이 없는 것의 이름 sugar, salt, juice
    · 눈에 보이지 않는 추상적인 것의 이름 love, friendship

- 명사(名)를 대신(代)하는 말(詞)이에요.
  <u>Sumi</u> is my friend. <u>She</u> is smart. 수미는 내 친구다. 그녀는 똑똑하다.

- 모양(形)이나 모습(容)을 나타내는 말(詞)이에요.
- 명사를 꾸미거나 술어에 의미를 더해요.

She has a **red** car. 그녀는 빨간 자동차가 있다.
I am **happy**. 나는 행복하다.

- 옆에서 도와(副)주는 말(詞)이에요.
- 동사, 형용사, 다른 부사, 문장 전체를 꾸며요.

I am **very** happy. 나는 정말 행복하다.

- 앞(前)에 두는(置) 말(詞)이에요.
- 명사나 대명사 앞에서 방향, 시간, 장소, 상태를 나타내요.

A bird is **on** my arm. 새가 내 팔 위에 있다.

- 서로 맞대어 이어주는(接續) 말(詞)이에요.
- 단어와 단어, 문장과 문장을 연결해요.

Kevin **and** I are friends. 케빈과 나는 친구이다.

문장을 구성하는 요소를 알아봅시다.

주어	문장의 주체가 되는 말로 문장 필수 요소	⋯ 명사, 대명사
술어	주어에 대해 서술하는 말로 문장 필수 요소	⋯ 동사
목적어	술어의 목적이 되는 말	⋯ 명사, 대명사 등
보어	동사를 보충하는 말	⋯ 명사, 대명사, 형용사 등
수식어	주어, 동사, 목적어, 보어를 꾸며 주는 말	⋯ 형용사나 부사에 속하는 말

He can play the piano very well. 그는 피아노를 매우 잘 칠 수 있다.
주어 술어   목적어   수식어

이 책의 학습 진도표

📖 **표준 학습 진도표** 하루에 한 과씩 학습하고 리뷰로 복습하세요.

날짜	월 일	월 일	월 일	월 일	월 일	월 일
진도	**Unit 01** that절	**Review** 001~016	**Unit 02** 부사절-if	**Unit 03** 부사절- before·after	**Review** 017~032	**Unit 04** 부사절-while
자기 평가	☆☆☆☆☆	☆☆☆☆☆	☆☆☆☆☆	☆☆☆☆☆	☆☆☆☆☆	☆☆☆☆☆

날짜	월 일	월 일	월 일	월 일	월 일	월 일
진도	**Unit 05** 부사절-until	**Review** 033~046	**Unit 06** 부사절- as soon as	**Unit 07** 부사절-as	**Review** 047~060	**Unit 08** 부사절-as if
자기 평가	☆☆☆☆☆	☆☆☆☆☆	☆☆☆☆☆	☆☆☆☆☆	☆☆☆☆☆	☆☆☆☆☆

날짜	월 일	월 일	월 일	월 일	월 일	월 일
진도	**Unit 09** 부사절-because	**Review** 061~074	**Unit 10** 부사절-since	**Unit 11** 부사절-though ·although	**Review** 075~086	**Unit 12** 관계대명사-who
자기 평가	☆☆☆☆☆	☆☆☆☆☆	☆☆☆☆☆	☆☆☆☆☆	☆☆☆☆☆	☆☆☆☆☆

날짜	월 일	월 일	월 일	월 일
진도	**Unit 13** 관계대명사- which·that ①	**Unit 14** 관계대명사- which·that ②	**Unit 15** 관계대명사- what	**Review** 087~120
자기 평가	☆☆☆☆☆	☆☆☆☆☆	☆☆☆☆☆	☆☆☆☆☆

📘 **나의 학습 진도표** 하루에 공부할 분량을 스스로 정하고, 목표를 꼭 지키세요.

날짜	월 일	월 일	월 일	월 일	월 일
진도					
자기 평가	☆☆☆☆☆	☆☆☆☆☆	☆☆☆☆☆	☆☆☆☆☆	☆☆☆☆☆
날짜	월 일	월 일	월 일	월 일	월 일
진도					
자기 평가	☆☆☆☆☆	☆☆☆☆☆	☆☆☆☆☆	☆☆☆☆☆	☆☆☆☆☆
날짜	월 일	월 일	월 일	월 일	월 일
진도					
자기 평가	☆☆☆☆☆	☆☆☆☆☆	☆☆☆☆☆	☆☆☆☆☆	☆☆☆☆☆
날짜	월 일	월 일	월 일	월 일	월 일
진도					
자기 평가	☆☆☆☆☆	☆☆☆☆☆	☆☆☆☆☆	☆☆☆☆☆	☆☆☆☆☆
날짜	월 일	월 일	월 일	월 일	월 일
진도					
자기 평가	☆☆☆☆☆	☆☆☆☆☆	☆☆☆☆☆	☆☆☆☆☆	☆☆☆☆☆

> **Tell me, and I'll forget.
> Teach me, and I may remember.
> Involve me, and I learn.**
>
> - Benjamin Franklin

말해 주면 잊어버려요.
보여주면 기억할 수도 있겠죠.
내가 하면 깨달아요.

Benjamin Franklin 벤자민 프랭클린 1706~1790
출판업자이자 정치가, 과학자, 미국 건국의 아버지로 100달러 지폐에 초상화가 새겨져 있다.

UNIT 01 that절

시작   월   일   :
마침   월   일   :

                              that   주어   동사

☆ *She knows **that** they will move.*
그녀는 그들이 이사 갈 거라는 것을 안다.

*I am sure **that** it will snow soon.*
나는 곧 눈이 내릴 거라고 확신한다.

that절은 「that+주어+동사~」의 형태를 말합니다. 이 that절을 동사나 동사 표현 뒤에 쓰면, 말하고 싶은 내용을 더 길고 상세하게 말할 수 있습니다.
많이 쓰이는 표현으로 I think that ~.(~라고 생각한다), I know that ~.(~을 알다), I hope that ~.(~을 바라다), I am sure that ~.(~을 확신하다), I am glad that ~.(~하게 되어 기쁘다), I have heard that ~.(~을 들은 적이 있다), He said that ~.(그는 ~라고 말했다), She told me that ~.(그녀는 내게 ~라고 말했다) 등이 있으며, 회화에서는 흔히 that을 생략합니다.

She believes that he's honest.
그녀는 그가 정직하다고 믿는다.

Does she believe that he's honest?
그녀는 그가 정직하다고 믿니?

우리말 뜻을 참고하여 영어로 표현하세요.

일치

① 그들은 그가 정직하다고 믿는다.
They

② 그의 선생님은 그가 정직하다고 믿는다.
His teacher

③ 그의 부모님은 그가 정직하다고 믿는다.
His parents

④ 그의 친구는 그가 정직하다고 믿는다.
His friend

의문

⑤ 그의 선생님은 그가 정직하다고 믿니?
his teacher

⑥ 그들은 그가 정직하다고 믿니?
they

⑦ 그의 친구는 그가 정직하다고 믿니?
his friend

⑧ 그의 부모님은 그가 정직하다고 믿니?
his parents

● believe 믿다, 생각하다

I think that Jordan is so *smart*.
나는 조던이 아주 똑똑하다고 생각한다.

I don't think that Jordan is so *smart*.
나는 조던이 아주 똑똑하다고 생각하지 않는다.

우리말 뜻을 참고하여 영어로 표현하세요.

① 나는 조던이 아주 친절하다고 생각한다.
friendly
-----

② 나는 조던이 아주 잘생겼다고 생각한다.
handsome
-----

③ 나는 조던이 아주 수줍음이 많다고 생각한다.
shy
-----

④ 나는 조던이 아주 활동적이라고 생각한다.
active
-----

⑤ 나는 조던이 아주 잘생겼다고 생각하지 않는다.
handsome
-----

⑥ 나는 조던이 아주 활동적이라고 생각하지 않는다.
active
-----

⑦ 나는 조던이 아주 친절하다고 생각하지 않는다.
friendly
-----

⑧ 나는 조던이 아주 수줍음이 많다고 생각하지 않는다.
shy

● I don't think that~은 that 이하를 부정하는 의미로 '~한 것 같지 않다'로도 해석할 수 있어요.

I am sure that she will pass the *interview*.
나는 그녀가 면접에 합격할 거라고 확신한다.

I am not sure that she will pass the *interview*.
나는 그녀가 면접에 합격할지 잘 모르겠다.

우리말 뜻을 참고하여 영어로 표현하세요.

① 나는 그녀가 운전 면허 시험에 합격할 거라고 확신한다.
driving test
―――――――――――――――――――――――――

② 나는 그녀가 말하기 시험에 합격할 거라고 확신한다.
speaking test
―――――――――――――――――――――――――

③ 나는 그녀가 듣기 시험에 합격할 거라고 확신한다.
listening test
―――――――――――――――――――――――――

④ 나는 그녀가 구술시험에 합격할 거라고 확신한다.
oral exam
―――――――――――――――――――――――――

⑤ 나는 그녀가 운전 면허 시험에 합격할지 잘 모르겠다.
driving test
―――――――――――――――――――――――――

⑥ 나는 그녀가 듣기 시험에 합격할지 잘 모르겠다.
listening test
―――――――――――――――――――――――――

⑦ 나는 그녀가 말하기 시험에 합격할지 잘 모르겠다.
speaking test
―――――――――――――――――――――――――

⑧ 나는 그녀가 구술시험에 합격할지 잘 모르겠다.
oral exam
―――――――――――――――――――――――――

❊ be sure ~을 확신하다 • be not sure ~일지 잘 모른다 • pass 통과하다, 합격하다 • oral 구술의, 구두의

His friends know that he is a good person.
그의 친구들은 그가 좋은 사람이라는 걸 안다.

Do his friends know that he is a good person?
그의 친구들은 그가 좋은 사람이라는 걸 아니?

우리말 뜻을 참고하여 영어로 표현하세요.

일치

1. 클레어는 그가 좋은 사람이라는 걸 안다.
   Claire _____

2. 모두가 그가 좋은 사람이라는 걸 안다.
   Everybody _____

3. 로건은 그가 좋은 사람이라는 걸 안다.
   Logan _____

4. 그들은 그가 좋은 사람이라는 걸 안다.
   They _____

의문

5. 모두가 그가 좋은 사람이라는 걸 아니?
   everybody _____

6. 클레어는 그가 좋은 사람이라는 걸 아니?
   Claire _____

7. 그들은 그가 좋은 사람이라는 걸 아니?
   they _____

8. 로건은 그가 좋은 사람이라는 걸 아니?
   Logan _____

● everybody처럼 every가 붙은 단어는 항상 단수 취급하는 것에 주의하세요.

They hope that the weather will be fine tomorrow.
그들은 내일 날씨가 좋아지기를 바란다.

Do they hope that the weather will be fine tomorrow?
그들은 내일 날씨가 좋아지기를 바라니?

우리말 뜻을 참고하여 영어로 표현하세요.

① 그는 내일 날씨가 좋아지기를 바란다.
He

② 그녀는 내일 날씨가 좋아지기를 바란다.
She

③ 그의 가족은 내일 날씨가 좋아지기를 바란다.
His family

④ 그녀의 친구들은 내일 날씨가 좋아지기를 바란다.
Her friends

⑤ 그녀는 내일 날씨가 좋아지기를 바라니?
she

⑥ 그는 내일 날씨가 좋아지기를 바라니?
he

⑦ 그녀의 친구들은 내일 날씨가 좋아지기를 바라니?
her friends

⑧ 그의 가족은 내일 날씨가 좋아지기를 바라니?
his family

★ hope는 미래의 일을 바라는 것이라서 that절에 미래를 나타내는 조동사 will을 써요.

낭·독·하·기 ☐☐☐☐☐ | 암·송·하·기 ○○○○○

Mia thought that the *music* app was free.
미아는 그 음악 앱이 무료라고 생각했다.

Did Mia think that the *music* app was free?
미아는 그 음악 앱이 무료라고 생각했니?

우리말 뜻을 참고하여 영어로 표현하세요.

① 미아는 그 게임 앱이 무료라고 생각했다.
game
----

② 미아는 그 페이스북 앱이 무료라고 생각했다.
Facebook
----

③ 미아는 그 문법 앱이 무료라고 생각했다.
grammar
----

④ 미아는 그 번역 앱이 무료라고 생각했다.
translation
----

⑤ 미아는 그 페이스북 앱이 무료라고 생각했니?
Facebook
----

⑥ 미아는 그 게임 앱이 무료라고 생각했니?
game
----

⑦ 미아는 그 번역 앱이 무료라고 생각했니?
translation
----

⑧ 미아는 그 문법 앱이 무료라고 생각했니?
grammar

❋ free 무료의, 공짜의 • grammar 문법 • translation 번역

낭·독·하·기 ☐☐☐☐☐ 암·송·하·기 ○○○○○

I feel that *red* is the best color for the wall.
나는 빨강이 벽에 가장 어울리는 색깔이라는 느낌이 든다.

I don't feel that *red* is the best color for the wall.
나는 빨강이 벽에 가장 어울리는 색깔이라는 느낌이 들지 않는다.

우리말 뜻을 참고하여 영어로 표현하세요.

① 나는 파랑이 벽에 가장 어울리는 색깔이라는 느낌이 든다.
blue
-----

② 나는 노랑이 벽에 가장 어울리는 색깔이라는 느낌이 든다.
yellow
-----

③ 나는 주황이 벽에 가장 어울리는 색깔이라는 느낌이 든다.
orange
-----

④ 나는 분홍이 벽에 가장 어울리는 색깔이라는 느낌이 든다.
pink
-----

⑤ 나는 분홍이 벽에 가장 어울리는 색깔이라는 느낌이 들지 않는다.
pink
-----

⑥ 나는 파랑이 벽에 가장 어울리는 색깔이라는 느낌이 들지 않는다.
blue
-----

⑦ 나는 노랑이 벽에 가장 어울리는 색깔이라는 느낌이 들지 않는다.
yellow
-----

⑧ 나는 주황이 벽에 가장 어울리는 색깔이라는 느낌이 들지 않는다.
orange

🌸 don't feel that ~라는 느낌이 들지 않다 • best 가장 좋은 • for ~에 대해

Jordan believes that *he* can learn Chinese.
조던은 자기가 중국어를 배울 수 있다고 생각한다.

Does Jordan believe that *he* can learn Chinese?
조던은 자기가 중국어를 배울 수 있다고 생각하니?

우리말 뜻을 참고하여 영어로 표현하세요.

① 그녀의 언니는 자기가 중국어를 배울 수 있다고 생각한다.
Her sister/she

② 그의 형은 자기가 중국어를 배울 수 있다고 생각한다.
His brother/he

③ 그 학생들은 자기들이 중국어를 배울 수 있다고 생각한다.
The students/they

④ 니콜은 자기가 중국어를 배울 수 있다고 생각한다.
Nicole/she

⑤ 그의 형은 자기가 중국어를 배울 수 있다고 생각하니?
his brother/he

⑥ 그녀의 언니는 자기가 중국어를 배울 수 있다고 생각하니?
her sister/she

⑦ 니콜은 자기가 중국어를 배울 수 있다고 생각하니?
Nicole/she

⑧ 그 학생들은 자기들이 중국어를 배울 수 있다고 생각하니?
the students/they

※ 문장의 주어가 that절의 주어로 다시 나올 때는 대명사로 바꿔서 쓰세요. 대명사를 잘 활용해야 진짜 영어를 잘하는 거랍니다.

I have heard that many Americans like sushi.
나는 많은 미국인들이 초밥을 좋아한다는 말을 들은 적이 있다.

I have never heard that many Americans like sushi.
나는 많은 미국인들이 초밥을 좋아한다는 말을 들은 적이 결코 없다.

우리말 뜻을 참고하여 영어로 표현하세요.

❶ 우리는 많은 미국인들이 초밥을 좋아한다는 말을 들은 적이 있다.
We

❷ 그녀는 많은 미국인들이 초밥을 좋아한다는 말을 들은 적이 있다.
She

❸ 그녀의 친구는 많은 미국인들이 초밥을 좋아한다는 말을 들은 적이 있다.
Her friend

❹ 그의 친구들은 많은 미국인들이 초밥을 좋아한다는 말을 들은 적이 있다.
His friends

❺ 그녀는 많은 미국인들이 초밥을 좋아한다는 말을 들은 적이 결코 없다.
She

❻ 우리는 많은 미국인들이 초밥을 좋아한다는 말을 들은 적이 결코 없다.
We

❼ 그의 친구들은 많은 미국인들이 초밥을 좋아한다는 말을 들은 적이 결코 없다.
His friends

❽ 그녀의 친구는 많은 미국인들이 초밥을 좋아한다는 말을 들은 적이 결코 없다.
Her friend

✹ have heard that ~을 들은 적이 있다 • never 결코 ~ 않다(not을 쓸 때보다 부정의 강도가 더 높아요.)

I think that *my* brother will study abroad.
나는 우리 형이 유학을 갈 거라고 생각한다.

I don't think that *my* brother will study abroad.
나는 우리 형이 유학을 갈 거라고 생각하지 않는다.

우리말 뜻을 참고하여 영어로 표현하세요.

① 그는 자기 형이 유학을 갈 거라고 생각한다.
He/his

② 그녀는 자기 오빠가 유학을 갈 거라고 생각한다.
She/her

③ 로건은 자기 형이 유학을 갈 거라고 생각한다.
Logan/his

④ 그 여자아이들은 자기들 오빠가 유학을 갈 거라고 생각한다.
The girls/their

⑤ 그녀는 자기 오빠가 유학을 갈 거라고 생각하지 않는다.
She/her

⑥ 그는 자기 형이 유학을 갈 거라고 생각하지 않는다.
He/his

⑦ 그 여자아이들은 자기들 오빠가 유학을 갈 거라고 생각하지 않는다.
The girls/their

⑧ 로건은 자기 형이 유학을 갈 거라고 생각하지 않는다.
Logan/his

● study abroad 유학 가다

People say that she is good at *music*.
사람들은 그녀가 음악에 재능이 있다고 말한다.

Do people say that she is good at *music*?
사람들이 그녀가 음악에 재능이 있다고 말하니?

우리말 뜻을 참고하여 영어로 표현하세요.

1 사람들은 그녀가 언어에 재능이 있다고 말한다.
languages

2 사람들은 그녀가 운동에 재능이 있다고 말한다.
sports

3 사람들은 그녀가 미술에 재능이 있다고 말한다.
art

4 사람들은 그녀가 수학에 재능이 있다고 말한다.
math

5 사람들이 그녀가 운동에 재능이 있다고 말하니?
sports

6 사람들이 그녀가 언어에 재능이 있다고 말하니?
languages

7 사람들이 그녀가 수학에 재능이 있다고 말하니?
math

8 사람들이 그녀가 미술에 재능이 있다고 말하니?
art

● be good at ~을 잘하다, ~에 재능이 있다

I am sure that she is on her way.
나는 그녀가 지금 오는 중이라고 확신한다.

I'm not sure that she is on her way.
나는 그녀가 지금 오는 중인지 잘 모른다.

우리말 뜻을 참고하여 영어로 표현하세요.

① 우리는 그녀가 지금 오는 중이라고 확신한다.
We

② 카터는 그녀가 지금 오는 중이라고 확신한다.
Carter

③ 그는 그녀가 지금 오는 중이라고 확신한다.
He

④ 그들은 그녀가 지금 오는 중이라고 확신한다.
They

⑤ 카터는 그녀가 지금 오는 중인지 잘 모른다.
Carter

⑥ 그는 그녀가 지금 오는 중인지 잘 모른다.
He

⑦ 우리는 그녀가 지금 오는 중인지 잘 모른다.
We

⑧ 그들은 그녀가 지금 오는 중인지 잘 모른다.
They

● be on one's way 가는[오는] 중이다

Logan told me that ***he*** was disappointed about the film.
로건은 내게 그 영화에 실망했다고 말했다.

Logan didn't tell me that ***he*** was disappointed about the film.
로건은 내게 그 영화에 실망했다고는 말하지 않았다.

우리말 뜻을 참고하여 영어로 표현하세요.

① 내 남동생은 내게 그 영화에 실망했다고 말했다.
My little brother/he

② 우리 누나는 내게 그 영화에 실망했다고 말했다.
My older sister/she

③ 우리 아버지는 내게 그 영화에 실망했다고 말했다.
My father/he

④ 그 남자는 내게 그 영화에 실망했다고 말했다.
The man/he

⑤ 우리 누나는 내게 그 영화에 실망했다고는 말하지 않았다.
My older sister/she

⑥ 우리 아버지는 내게 그 영화에 실망했다고는 말하지 않으셨다.
My father/he

⑦ 그 남자는 내게 그 영화에 실망했다고는 말하지 않았다.
The man/he

⑧ 내 남동생은 내게 그 영화에 실망했다고는 말하지 않았다.
My little brother/he

★ be disappointed about ~에 실망하다

Everybody knows that you did your best.
모든 사람이 네가 최선을 다했다는 것을 안다.

Does everybody know that you did your best?
모든 사람이 네가 최선을 다했다는 것을 아니?

우리말 뜻을 참고하여 영어로 표현하세요.

1 그녀는 네가 최선을 다했다는 것을 안다.
She

2 그들은 네가 최선을 다했다는 것을 안다.
They

3 조던은 네가 최선을 다했다는 것을 안다.
Jordan

4 그는 네가 최선을 다했다는 것을 안다.
He

5 그녀는 네가 최선을 다했다는 것을 아니?
she

6 그들은 네가 최선을 다했다는 것을 아니?
they

7 조던은 네가 최선을 다했다는 것을 아니?
Jordan

8 그는 네가 최선을 다했다는 것을 아니?
he

● do one's best 최선을 다하다

He is glad that Mia is pleased with *the result*.
그는 미아가 그 결과에 만족해서 기쁘다.

Is he glad that Mia is pleased with *the result*?
그는 미아가 그 결과에 만족해서 기쁘니?

우리말 뜻을 참고하여 영어로 표현하세요.

1 그는 미아가 이 식당에 만족해서 기쁘다.
this restaurant

2 그는 미아가 그의 선택에 만족해서 기쁘다.
his choice

3 그는 미아가 그의 결정에 만족해서 기쁘다.
his decision

4 그는 미아가 그것에 만족해서 기쁘다.
it

5 그는 미아가 그것에 만족해서 기쁘니?
it

6 그는 미아가 이 식당에 만족해서 기쁘니?
this restaurant

7 그는 미아가 그의 선택에 만족해서 기쁘니?
his choice

8 그는 미아가 그의 결정에 만족해서 기쁘니?
his decision

● be glad that ~해서 기쁘다 ● be pleased with ~에 만족하다

낭·독·하·기 ☐☐☐☐☐ 암·송·하·기 ○○○○○

Carter admitted that *he* made a mistake.
카터는 자기가 실수했다는 것을 인정했다.

Carter didn't admit that *he* made a mistake.
카터는 자기가 실수했다는 것을 인정하지 않았다.

우리말 뜻을 참고하여 영어로 표현하세요.

① 클레어는 자기가 실수했다는 것을 인정했다.
Claire/she

② 그 학생들은 자기들이 실수했다는 것을 인정했다.
The students/they

③ 그의 형은 자기가 실수했다는 것을 인정했다.
His brother/he

④ 그녀의 언니는 자기가 실수했다는 것을 인정했다.
Her sister/she

⑤ 그의 형은 자기가 실수했다는 것을 인정하지 않았다.
His brother/he

⑥ 그녀의 언니는 자기가 실수했다는 것을 인정하지 않았다.
Her sister/she

⑦ 그 학생들은 자기들이 실수했다는 것을 인정하지 않았다.
The students/they

⑧ 클레어는 자기가 실수했다는 것을 인정하지 않았다.
Claire/she

● admit 인정하다 - admitted - admitted ● make a mistake 실수하다

Review

001-016 그림을 보고 영어로 말해 보세요.

GRAMMAR POINT 1

문장은 무엇으로 이루어져 있을까요?

❶ 두 개 이상의 단어 모임, 구
주어와 동사가 없고, 문장에서 하나의 의미 단위(품사)로 쓰여요.
the thief   into the house   barking at him

❷ 주어와 동사가 있는 절
- **독립절(주절)**: 완벽한 의미를 표현하고 홀로 쓰일 수 있어요.
  the dog barked at the thief
- **종속절**: 홀로 쓰이지 못하며 문장을 뒷받침해요. 접속사가 쓰인 부사절, 관계대명사절 등이 있어요.
  when he broke into the house

❸ 주어와 동사가 완전한 의미를 전달하는 문장
The dog barked at the thief when he broke into the house.
        독립절(주절)   종속절
도둑이 집에 몰래 들어왔을 때, 개가 그에게 짖었다.

* 독립절은 절인 동시에 문장일 수 있습니다.

UNIT 02
부사절 - if

시작 　월　 일　 :
마침 　월　 일　 :

☆ **If** *she studies music, she'll do very well.*
만약 그녀가 음악을 공부한다면 아주 잘할 것이다.
「if+주어+동사」는 '(만약) ~라면', '(만약) ~이면'이라는 뜻으로 '조건'을 나타냅니다. 이와 같은 조건 부사절 if는 문장 앞에 올 수도 있고, 뒤에 위치할 수도 있습니다.

☆ *I'll be happy* **if** *it's sunny.*
날씨가 화창하다면 난 기분이 좋을 것이다.
「if+주어+동사」가 조건을 나타낼 때는 미래의 일이라도 현재 시제로 씁니다.

Tip '조건' 외의 뜻으로 쓰이는 if도 알아두세요.
if는 '조건'의 의미 외에 '~를 할지 (말지)', '~인지 (아닌지)'의 의미를 가진 명사절로도 쓰여요.
I don't know **if** she likes pizza. 나는 그녀가 피자를 좋아하는지 아닌지 모르겠다.

If you like*, *you can borrow my backpack.

네가 좋다면 너는 내 배낭을 빌려도 된다.

If you like, you can borrow my ***backpack***.

네가 좋다면 너는 내 배낭을 빌려도 된다.

우리말 뜻을 참고하여 영어로 표현하세요.

❶ 그가 좋다면 그는 내 배낭을 빌려도 된다.
he/he

❷ 그녀가 좋다면 그녀는 내 배낭을 빌려도 된다.
she/she

❸ 그들이 좋다면 그들은 내 배낭을 빌려도 된다.
they/they

❹ 카터가 좋다면 그는 내 배낭을 빌려도 된다.
Carter/he

❺ 네가 좋다면 너는 내 휴대전화기를 빌려도 된다.
cellphone

❻ 네가 좋다면 너는 내 노트북 컴퓨터를 빌려도 된다.
laptop

❼ 네가 좋다면 너는 내 책을 빌려도 된다.
book

❽ 네가 좋다면 너는 내 자전거를 빌려도 된다.
bike

● 「if+주어+like(s)」 주어가[만] 좋다면,

낭·독·하·기 ☐☐☐☐☐ 암·송·하·기 ○○○○○

I will call you if *I need* help.
내가 도움이 필요하면 난 너에게 전화할 것이다.

I will call *you* if I need help.
내가 도움이 필요하면 난 너에게 전화할 것이다.

우리말 뜻을 참고하여 영어로 표현하세요.

① 조던이 도움이 필요하면 그는 너에게 전화할 것이다.
Jordan/he

② 미아가 도움이 필요하면 그녀는 너에게 전화할 것이다.
Mia/she

③ 우리가 도움이 필요하면 우리는 너에게 전화할 것이다.
We/we

④ 그들이 도움이 필요하면 그들은 너에게 전화할 것이다.
They/they

⑤ 내가 도움이 필요하면 나는 그에게 전화할 것이다.
him

⑥ 내가 도움이 필요하면 나는 그녀에게 전화할 것이다.
her

⑦ 내가 도움이 필요하면 나는 내 친구에게 전화할 것이다.
my friend

⑧ 내가 도움이 필요하면 나는 우리 삼촌에게 전화할 것이다.
my uncle

🌸 「if+주어+동사」가 '조건'의 뜻일 때는 현재 시제로 미래의 뜻을 나타냅니다. '(미래에) 도움이 필요하게 되면'의 뜻이지만 if I will need help라고 하지 않는 것에 주의하세요.

If it rains, *I'll stay* home.
비가 오면 나는 집에 있을 것이다.

If it *rains*, I'll stay home.
비가 오면 나는 집에 있을 것이다.

우리말 뜻을 참고하여 영어로 표현하세요.

❶ 비가 오면 그는 집에 있을 것이다.
he

❷ 비가 오면 그녀는 집에 있을 것이다.
she

❸ 비가 오면 우리는 집에 있을 것이다.
we

❹ 비가 오면 그들은 집에 있을 것이다.
they

❺ 오늘 비가 오면 나는 집에 있을 것이다.
rains today

❻ 비가 많이 오면 나는 집에 있을 것이다.
rains heavily

❼ 눈이 오면 나는 집에 있을 것이다.
snows

❽ 눈이 많이 오면 나는 집에 있을 것이다.
snows heavily

● heavily 심하게, 많이

If *I wear* warm clothes, *I won't get* cold.
따뜻한 옷을 입는다면 나는 춥지 않을 것이다.

If I wear *warm clothes*, I won't get cold.
따뜻한 옷을 입는다면 나는 춥지 않을 것이다.

우리말 뜻을 참고하여 영어로 표현하세요.

1. 따뜻한 옷을 입는다면 너는 춥지 않을 것이다.
   you
   _____

2. 따뜻한 옷을 입는다면 그는 춥지 않을 것이다.
   he
   _____

3. 따뜻한 옷을 입는다면 그녀는 춥지 않을 것이다.
   she
   _____

4. 따뜻한 옷을 입는다면 우리는 춥지 않을 것이다.
   we
   _____

5. 외투를 입는다면 나는 춥지 않을 것이다.
   a coat
   _____

6. 따뜻한 외투를 입는다면 나는 춥지 않을 것이다.
   a warm coat
   _____

7. 스웨터를 입는다면 나는 춥지 않을 것이다.
   a sweater
   _____

8. 따뜻한 스웨터를 입는다면 나는 춥지 않을 것이다.
   a warm sweater
   _____

● get cold 춥다, 추워지다

If *you listen* well, *you may learn* something new.
잘 들으면 너는 새로운 것을 배울 수도 있다.

If you listen well, you may learn something *new*.
잘 들으면 너는 새로운 것을 배울 수도 있다.

우리말 뜻을 참고하여 영어로 표현하세요.

❶ 잘 들으면 나는 새로운 것을 배울 수도 있다.
I

❷ 잘 들으면 그는 새로운 것을 배울 수도 있다.
he

❸ 잘 들으면 그녀는 새로운 것을 배울 수도 있다.
she

❹ 잘 들으면 우리는 새로운 것을 배울 수도 있다.
we

❺ 잘 들으면 너는 좋은 것을 배울 수도 있다.
good

❻ 잘 들으면 너는 멋진 것을 배울 수도 있다.
cool

❼ 잘 들으면 너는 유익한 것을 배울 수도 있다.
useful

❽ 잘 들으면 너는 중요한 것을 배울 수도 있다.
important

✹ something, anything, nothing, everything은 꾸며 주는 말이 바로 뒤에 오는 특징이 있어요.

You can go if *you want* to.
원한다면 너는 가도 된다.

You can *go* if you want to.
원한다면 너는 가도 된다.

우리말 뜻을 참고하여 영어로 표현하세요.

❶ 원한다면 로건은 가도 된다.
Logan/he

❷ 원한다면 클레어는 가도 된다.
Claire/she

❸ 원한다면 그 아이들은 가도 된다.
The children/they

❹ 원한다면 그 여자아이들은 가도 된다.
The girls/they

❺ 원한다면 너는 기다려도 된다.
wait

❻ 원한다면 너는 여기서 기다려도 된다.
wait here

❼ 원한다면 너는 여기 있어도 된다.
stay here

❽ 원한다면 너는 좀 더 있어도 된다.
stay longer

● 조동사 can은 '~할 수 있다'와 '~해도 된다'의 두 가지 뜻이 있어요. ● 위의 예문에서 「if+주어+want to」는 '주어가 (가기를) 원한다면'의 뜻으로 to 뒤에 동사(go)가 생략되었어요.

She is asking me if I like Chinese food.
그녀는 내게 중국 음식을 좋아하는지 묻고 있다.

She is not asking me if I like Chinese food.
그녀는 내게 중국 음식을 좋아하는지 묻고 있지 않다.

우리말 뜻을 참고하여 영어로 표현하세요.

① 그는 내게 중국 음식을 좋아하는지 묻고 있다.
He

② 니콜이 내게 중국 음식을 좋아하는지 묻고 있다.
Nicole

③ 우리 삼촌이 내게 중국 음식을 좋아하는지 묻고 있다.
My uncle

④ 그들이 내게 중국 음식을 좋아하는지 묻고 있다.
They

⑤ 그들은 내게 중국 음식을 좋아하는지 묻고 있지 않다.
They

⑥ 그는 내게 중국 음식을 좋아하는지 묻고 있지 않다.
He

⑦ 우리 삼촌은 내게 중국 음식을 좋아하는지 묻고 있지 않다.
My uncle

⑧ 니콜은 내게 중국 음식을 좋아하는지 묻고 있지 않다.
Nicole

❋ 여기서 if는 '~인지 아닌지'의 의미로 쓰였어요. 이것은 「if+주어+동사」가 동사(ask)의 목적어 역할을 하는 명사절임을 의미해요.

He asked her if she knew Laura's *phone number*.

그는 그녀에게 로라의 전화번호를 아는지 물었다.

Did he ask her if she knew Laura's *phone number*?

그는 그녀에게 로라의 전화번호를 아는지 물었니?

우리말 뜻을 참고하여 영어로 표현하세요.

1. 그는 그녀에게 로라의 집 주소를 아는지 물었다.
   home address

2. 그는 그녀에게 로라의 이메일 주소를 아는지 물었다.
   email address

3. 그는 그녀에게 로라의 페이스북 아이디를 아는지 물었다.
   Facebook ID

4. 그는 그녀에게 로라의 비밀번호를 아는지 물었다.
   password

5. 그는 그녀에게 로라의 비밀번호를 아는지 물었니?
   password

6. 그는 그녀에게 로라의 이메일 주소를 아는지 물었니?
   email address

7. 그는 그녀에게 로라의 집 주소를 아는지 물었니?
   home address

8. 그는 그녀에게 로라의 페이스북 아이디를 아는지 물었니?
   Facebook ID

Review

017-024 그림을 보고 영어로 말해 보세요.

UNIT 03
부사절 - before·after

시작　월　　일　　：
마침　월　　일　　：

☆ ***He combs his hair* before *he goes out.***
그는 외출하기 전에 머리를 빗는다.

She entered the classroom* after *the bell rang.
그녀는 종이 울리고 나서 교실에 들어갔다.

「before+주어+동사」는 '~하기 전에', 「after+주어+동사」는 '~한 후에', '~하고 나서'의 뜻입니다. 이때 「before+주어+동사」와 「after+주어+동사」는 대개 문장 뒤에 위치합니다.

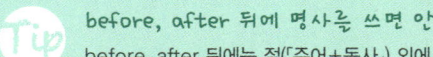 before, after 뒤에 명사는 쓰면 안 돼요?
before, after 뒤에는 절(「주어+동사」) 외에 명사나 명사 표현도 올 수 있어요.
He brushes his teeth **after** dinner. 그는 저녁 식사 후에 양치질한다.
She plays with her friends **after** school. 그녀는 방과 후에 친구들과 논다.

Jane will call you after *she arrives*.
도착하고 나서 제인이 너한테 전화할 것이다.

Will Jane call you after *she arrives*?
도착하고 나서 제인이 너한테 전화할까?

우리말 뜻을 참고하여 영어로 표현하세요.

일치

❶ 도착하고 나서 로건이 너한테 전화할 것이다.
Logan/he

❷ 도착하고 나서 그녀가 너한테 전화할 것이다.
She/she

❸ 도착하고 나서 그들이 너한테 전화할 것이다.
They/they

❹ 도착하고 나서 그 아이들이 너한테 전화할 것이다.
The children/they

의문

❺ 도착하고 나서 그들이 너한테 전화할까?
they/they

❻ 도착하고 나서 그 아이들이 너한테 전화할까?
the children/they

❼ 도착하고 나서 로건이 너한테 전화할까?
Logan/he

❽ 도착하고 나서 그녀가 너한테 전화할까?
she/she

낭·독·하·기 ☐☐☐☐☐ 　암·송·하·기 ○○○○○

I'll let *you* know before I leave.
떠나기 전에 내가 너한테 알려줄 것이다.

I won't let *you* know before I leave.
떠나기 전에 나는 너한테 알려주지 않을 것이다.

우리말 뜻을 참고하여 영어로 표현하세요.

① 떠나기 전에 내가 그에게 알려줄 것이다.
him
------

② 떠나기 전에 내가 그녀에게 알려줄 것이다.
her
------

③ 떠나기 전에 내가 그들에게 알려줄 것이다.
them
------

④ 떠나기 전에 내가 모든 사람들한테 알려줄 것이다.
everyone
------

⑤ 떠나기 전에 나는 그들에게 알려주지 않을 것이다.
them
------

⑥ 떠나기 전에 나는 모든 사람들한테 알려주지 않을 것이다.
everyone
------

⑦ 떠나기 전에 나는 그에게 알려주지 않을 것이다.
him
------

⑧ 떠나기 전에 나는 그녀에게 알려주지 않을 것이다.
her

● will의 부정형은 will not이지만 대개 won't로 줄여서 많이 써요. ● 「let+A+동사원형」은 'A에게 ~하게 하다'라는 뜻이 있어요.

Jordan was tired after *he* finished.
조던은 끝마치고 나서 피곤했다.

Jordan wasn't tired after *he* finished.
조던은 끝마치고 나서 피곤하지 않았다.

우리말 뜻을 참고하여 영어로 표현하세요.

1 우리 형은 끝마치고 나서 피곤했다.
My brother/he

2 우리 누나는 끝마치고 나서 피곤했다.
My sister/she

3 우리는 끝마치고 나서 피곤했다.
We/we

4 그들은 끝마치고 나서 피곤했다.
They/they

5 우리는 끝마치고 나서 피곤하지 않았다.
We/we

6 그들은 끝마치고 나서 피곤하지 않았다.
They/they

7 우리 형은 끝마치고 나서 피곤하지 않았다.
My brother/he

8 우리 누나는 끝마치고 나서 피곤하지 않았다.
My sister/she

He'll leave after the *meeting* ends.
그는 모임이 끝난 후 떠날 것이다.

Will he leave after the *meeting* ends?
그는 모임이 끝난 후 떠날 거니?

우리말 뜻을 참고하여 영어로 표현하세요.

1. 그는 식사가 끝난 후 떠날 것이다.
   meal
   _____

2. 그는 영화가 끝난 후 떠날 것이다.
   movie
   _____

3. 그는 경기가 끝난 후 떠날 것이다.
   game
   _____

4. 그는 세미나가 끝난 후 떠날 것이다.
   seminar
   _____

5. 그는 영화가 끝난 후 떠날 거니?
   movie
   _____

6. 그는 세미나가 끝난 후 떠날 거니?
   seminar
   _____

7. 그는 식사가 끝난 후 떠날 거니?
   meal
   _____

8. 그는 경기가 끝난 후 떠날 거니?
   game
   _____

Mia always *washes her* hands before *she eats*.
미아는 식사하기 전에 늘 손을 씻는다.

Mia doesn't *always wash her* hands before *she eats*.
미아는 식사하기 전에 늘 손을 씻지는 않는다.

우리말 뜻을 참고하여 영어로 표현하세요.

① 조던은 식사하기 전에 늘 손을 씻는다.
Jordan/his/he

② 우리 어머니는 식사하기 전에 늘 손을 씻는다.
My mother/her/she

③ 우리는 식사하기 전에 늘 손을 씻는다.
We/our/we

④ 그들은 식사하기 전에 늘 손을 씻는다.
They/their/they

⑤ 그들은 식사하기 전에 늘 손을 씻지는 않는다.
They/their/they

⑥ 우리는 식사하기 전에 늘 손을 씻지는 않는다.
We/our/we

⑦ 우리 어머니는 식사하기 전에 늘 손을 씻지는 않는다.
My mother/her/she

⑧ 조던은 식사하기 전에 늘 손을 씻지는 않는다.
Jordan/his/he

● 빈도나 횟수를 나타내는 always(항상)는 주로 일반동사 앞에 놓여요. ● not always …은 '항상 ~하지 않다, 항상 ~하는 것은 아니다' 두 가지 뜻으로 해석될 수 있어요.

He usually feeds his dog after he *eats supper*.
그는 보통 저녁 식사를 하고 나서 개에게 먹이를 준다.

Does he usually feed his dog after he *eats supper*?
그는 보통 저녁 식사를 하고 나서 개에게 먹이를 주니?

우리말 뜻을 참고하여 영어로 표현하세요.

1. 그는 보통 아침 식사를 하고 나서 개에게 먹이를 준다.
   eats breakfast
   _____

2. 그는 보통 점심 식사를 하고 나서 개에게 먹이를 준다.
   eats lunch
   _____

3. 그는 보통 산책을 하고 나서 개에게 먹이를 준다.
   takes a walk
   _____

4. 그는 보통 낮잠을 자고 나서 개에게 먹이를 준다.
   takes a nap
   _____

5. 그는 보통 점심 식사를 하고 나서 개에게 먹이를 주니?
   eats lunch
   _____

6. 그는 보통 낮잠을 자고 나서 개에게 먹이를 주니?
   takes a nap
   _____

7. 그는 보통 아침 식사를 하고 나서 개에게 먹이를 주니?
   eats breakfast
   _____

8. 그는 보통 산책을 하고 나서 개에게 먹이를 주니?
   takes a walk
   _____

● feed (먹이를) 주다 • supper 저녁 식사 • nap 낮잠 • take a nap 낮잠을 자다

*I usually **take** a shower after
I **play** soccer.*
나는 대개 축구를 하고 나서 샤워를 한다.

I usually take a shower after
I ***play soccer***.
나는 대개 축구를 하고 나서 샤워를 한다.

우리말 뜻을 참고하여 영어로 표현하세요.

일치

① 카터는 대개 축구를 하고 나서 샤워를 한다.
Carter/he

② 내 남동생은 대개 축구를 하고 나서 샤워를 한다.
My brother/he

③ 그 남자아이들은 대개 축구를 하고 나서 샤워를 한다.
The boys/they

④ 그들은 대개 축구를 하고 나서 샤워를 한다.
They/they

⑤ 나는 대개 농구를 하고 나서 샤워를 한다.
play basketball

⑥ 나는 대개 수영을 하고 나서 샤워를 한다.
swim

⑦ 나는 대개 달리기를 하고 나서 샤워를 한다.
run

⑧ 나는 대개 러닝머신에서 달리기를 하고 나서 샤워를 한다.
run on a treadmill

● treadmill 러닝머신 (running-machine은 콩글리시예요.)

낭·독·하·기 ☐☐☐☐☐ | 암·송·하·기 ○○○○○

I'll complete *the work* after I return home.
나는 집에 돌아온 후에 일을 마무리할 것이다.

I won't complete *the work* after I return home.
나는 집에 돌아온 후에 일을 마무리하지 않을 것이다.

우리말 뜻을 참고하여 영어로 표현하세요.

① 나는 집에 돌아온 후에 프로젝트를 마무리할 것이다.
the project
-----

② 나는 집에 돌아온 후에 그걸 마무리할 것이다.
it
-----

③ 나는 집에 돌아온 후에 이걸 마무리할 것이다.
this
-----

④ 나는 집에 돌아온 후에 그것들을 마무리할 것이다.
them
-----

⑤ 나는 집에 돌아온 후에 그것들을 마무리하지 않을 것이다.
them
-----

⑥ 나는 집에 돌아온 후에 프로젝트를 마무리하지 않을 것이다.
the project
-----

⑦ 나는 집에 돌아온 후에 그걸 마무리하지 않을 것이다.
it
-----

⑧ 나는 집에 돌아온 후에 이걸 마무리하지 않을 것이다.
this

Review

025-032 그림을 보고 영어로 말해 보세요.

UNIT 04 부사절 - while

시작 　월　 　일　 　:　
마침 　월　 　일　 　:　

☆ *My mom phoned **while** I was eating.*
내가 식사를 하고 있는 동안 우리 엄마가 전화했다.

「while+주어+동사」는 '~하는 동안', '~하는 도중에', '~하면서'의 뜻으로 시간 상 '동시에' 일어나는 행동을 나타냅니다.

***While** my girlfriend likes fish, I prefer meat.*
내 여자친구는 생선을 좋아하는 반면, 나는 고기를 더 좋아한다.

「while+주어+동사」는 '~하는 반면'이라는 '대조'의 의미로도 쓰입니다.

Tip 「while+주어+동사」는 아무 곳에나 쓸 수 있나요?
이 「while+주어+동사」는 문장 앞에 올 수도 있고 뒤에 올 수도 있는데, 뒤에 위치하는 경우가 더 많다는 것, 참고로 알아두세요.

낭·독·하·기 ☐☐☐☐☐☐   암·송·하·기 ○○○○○

I like listening to music while *I study*.
나는 공부하면서 음악 듣는 걸 좋아한다.

I don't like listening to music while *I study*.
나는 공부하면서 음악 듣는 걸 좋아하지 않는다.

우리말 뜻을 참고하여 영어로 표현하세요.

❶ 조던은 공부하면서 음악 듣는 걸 좋아한다.
Jordan/he

❷ 니콜은 공부하면서 음악 듣는 걸 좋아한다.
Nicole/she

❸ 우리 형은 공부하면서 음악 듣는 걸 좋아한다.
My brother/he

❹ 그 학생들은 공부하면서 음악 듣는 걸 좋아한다.
The students/they

❺ 니콜은 공부하면서 음악 듣는 걸 좋아하지 않는다.
Nicole/she

❻ 조던은 공부하면서 음악 듣는 걸 좋아하지 않는다.
Jordan/he

❼ 그 학생들은 공부하면서 음악 듣는 걸 좋아하지 않는다.
The students/they

❽ 우리 형은 공부하면서 음악 듣는 걸 좋아하지 않는다.
My brother/he

● 「like+동사-ing」 ~하는 것을 (평소에) 좋아하다

I had a snack while ***I was*** watching TV.
나는 텔레비전을 보면서 간식을 먹었다.

I had a snack while I was watching ***TV***.
나는 텔레비전을 보면서 간식을 먹었다.

우리말 뜻을 참고하여 영어로 표현하세요.

1 클레어는 텔레비전을 보면서 간식을 먹었다.
Claire / she

2 내 남동생은 텔레비전을 보면서 간식을 먹었다.
My brother / he

3 우리는 텔레비전을 보면서 간식을 먹었다.
We / we

4 우리 부모님은 텔레비전을 보면서 간식을 드셨다.
My parents / they

5 나는 야구 경기를 보면서 간식을 먹었다.
a baseball game

6 나는 텔레비전으로 야구 경기를 보면서 간식을 먹었다.
a baseball game on TV

7 나는 영화를 보면서 간식을 먹었다.
a movie

8 나는 소파에서 영화를 보면서 간식을 먹었다.
a movie on the couch

● have a snack 간식을 먹다 ● on TV 텔레비전으로 ● couch 소파

The phone rang while *he was* eating.
그가 식사를 하고 있는데 전화벨이 울렸다.

Did the phone ring while *he was* eating?
그가 식사를 하고 있는데 전화벨이 울렸니?

우리말 뜻을 참고하여 영어로 표현하세요.

① 그녀가 식사를 하고 있는데 전화벨이 울렸다.
she

② 우리 가족이 식사를 하고 있는데 전화벨이 울렸다.
my family

③ 그들이 식사를 하고 있는데 전화벨이 울렸다.
they

④ 그녀의 아버지가 식사를 하고 있는데 전화벨이 울렸다.
her father

⑤ 그녀의 아버지가 식사를 하고 있는데 전화벨이 울렸니?
her father

⑥ 그들이 식사를 하고 있는데 전화벨이 울렸니?
they

⑦ 그녀가 식사를 하고 있는데 전화벨이 울렸니?
she

⑧ 우리 가족이 식사를 하고 있는데 전화벨이 울렸니?
my family

***I was* injured while *I was* snowboarding.**
나는 스노보드를 타던 도중에 다쳤다.

I was injured while I was ***snowboarding***.
나는 스노보드를 타던 도중에 다쳤다.

우리말 뜻을 참고하여 영어로 표현하세요.

1 그는 스노보드를 타던 도중에 다쳤다.
He/he

2 우리 형들은 스노보드를 타던 도중에 다쳤다.
My brothers/they

3 우리 누나는 스노보드를 타던 도중에 다쳤다.
My sister/she

4 그녀는 스노보드를 타던 도중에 다쳤다.
She/she

5 나는 스키를 타던 도중에 다쳤다.
skiing

6 나는 스케이트를 타던 도중에 다쳤다.
skating

7 나는 야구를 하던 도중에 다쳤다.
playing baseball

8 나는 배구를 하던 도중에 다쳤다.
playing volleyball

● be injured 다치다, 부상을 입다 ● 「play+스포츠 이름」 ~ 스포츠를 하다(이때 스포츠 이름 앞에 a(n), the 등을 붙이지 않는 것에 주의하세요.)

She vacuums the floor while ***her*** mom does the dishes.
그녀는 엄마가 설거지를 하는 동안에 진공청소기로 바닥을 청소한다.

Does she vacuum the floor while ***her*** mom does the dishes?
그녀는 엄마가 설거지를 하는 동안에 진공청소기로 바닥을 청소하니?

우리말 뜻을 참고하여 영어로 표현하세요.

❶ 그 남자아이는 엄마가 설거지를 하는 동안에 진공청소기로 바닥을 청소한다.
The boy/his

❷ 그 여자아이는 엄마가 설거지를 하는 동안에 진공청소기로 바닥을 청소한다.
The girl/her

❸ 로건은 엄마가 설거지를 하는 동안에 진공청소기로 바닥을 청소한다.
Logan/his

❹ 그 아이들은 엄마가 설거지를 하는 동안에 진공청소기로 바닥을 청소한다.
The children/their

❺ 로건은 엄마가 설거지를 하는 동안에 진공청소기로 바닥을 청소하니?
Logan/his

❻ 그 남자아이는 엄마가 설거지를 하는 동안에 진공청소기로 바닥을 청소하니?
the boy/his

❼ 그 여자아이는 엄마가 설거지를 하는 동안에 진공청소기로 바닥을 청소하니?
the girl/her

❽ 그 아이들은 엄마가 설거지를 하는 동안에 진공청소기로 바닥을 청소하니?
the children/their

🌸 vacuum 진공청소기, 진공청소기로 ~를 청소하다 • do the dishes 설거지를 하다

He often *cuts* in while *his* parents are talking.
그는 종종 부모님이 말씀하시는 도중에 끼어든다.

He often cuts in while his *parents are* talking.
그는 종종 부모님이 말씀하시는 도중에 끼어든다.

우리말 뜻을 참고하여 영어로 표현하세요.

❶ 나는 종종 부모님이 말씀하시는 도중에 끼어든다.
I/my

❷ 내 여동생은 종종 부모님이 말씀하시는 도중에 끼어든다.
My sister/my

❸ 내 남동생은 종종 부모님이 말씀하시는 도중에 끼어든다.
My brother/my

❹ 니콜은 종종 부모님이 말씀하시는 도중에 끼어든다.
Nicole/her

❺ 그는 종종 어머니가 말씀하시는 도중에 끼어든다.
mother

❻ 그는 종종 아버지가 말씀하시는 도중에 끼어든다.
father

❼ 그는 종종 선생님이 말씀하시는 도중에 끼어든다.
teacher

❽ 그는 종종 친구들이 말하는 도중에 끼어든다.
friends

● cut in (말할 때) 끼어들다, (줄 서 있을 때) 새치기하다

I watch TV while *my* sister reads.
내 여동생이 독서를 하는 동안 나는 텔레비전을 본다.

I watch TV while my sister *reads*.
내 여동생이 독서를 하는 동안 나는 텔레비전을 본다.

우리말 뜻을 참고하여 영어로 표현하세요.

❶ 그의 여동생이 독서를 하는 동안, 그는 텔레비전을 본다.
He/his

❷ 그녀의 여동생이 독서를 하는 동안, 그녀는 텔레비전을 본다.
She/her

❸ 그의 여동생이 독서를 하는 동안, 카터는 텔레비전을 본다.
Carter/his

❹ 그들의 여동생이 독서를 하는 동안, 그들은 텔레비전을 본다.
They/their

❺ 내 여동생이 식사를 하는 동안, 나는 텔레비전을 본다.
eats

❻ 내 여동생이 요리를 하는 동안, 나는 텔레비전을 본다.
cooks

❼ 내 여동생이 공부를 하는 동안, 나는 텔레비전을 본다.
studies

❽ 내 여동생이 문자를 하는 동안, 나는 텔레비전을 본다.
texts

| 낭·독·하·기 ☐☐☐☐☐ | 암·송·하·기 ○○○○○ 🎤 |

While ***I like*** hamburgers, ***my*** girlfriend never eats fast food.
나는 햄버거를 좋아하는 반면, 내 여자 친구는 패스트푸드를 전혀 안 먹는다.

While I like ***hamburgers***, my girlfriend never eats fast food.
나는 햄버거를 좋아하는 반면, 내 여자 친구는 패스트푸드를 전혀 안 먹는다.

우리말 뜻을 참고하여 영어로 표현하세요.

❶ 그는 햄버거를 좋아하는 반면, 그의 여자 친구는 패스트푸드를 전혀 안 먹는다.
he/his

❷ 조던은 햄버거를 좋아하는 반면, 그의 여자 친구는 패스트푸드를 전혀 안 먹는다.
Jordan/his

❸ 너는 햄버거를 좋아하는 반면, 너의 여자 친구는 패스트푸드를 전혀 안 먹는다.
you/your

❹ 그 남자아이는 햄버거를 좋아하는 반면, 그의 여자 친구는 패스트푸드를 전혀 안 먹는다.
the boy/his

❺ 나는 피자를 좋아하는 반면, 내 여자 친구는 패스트푸드를 전혀 안 먹는다.
pizza

❻ 나는 치즈버거를 좋아하는 반면, 내 여자 친구는 패스트푸드를 전혀 안 먹는다.
cheeseburgers

❼ 나는 핫도그를 좋아하는 반면, 내 여자 친구는 패스트푸드를 전혀 안 먹는다.
hotdogs

❽ 나는 프라이드 치킨을 좋아하는 반면, 내 여자 친구는 패스트푸드를 전혀 안 먹는다.
fried chicken

🌸 not보다 never를 쓰면 부정의 의미가 더 강조돼요.

Review

033-040 그림을 보고 영어로 말해 보세요.

UNIT 05

부사절 - until

시작 ___월 ___일 ___:___
마침 ___월 ___일 ___:___

☆ **She will stay here until he comes back.**
그녀는 그가 돌아올 때까지 여기에 있을 것이다.

「until+주어+동사」의 형태는 '~할 때까지'라는 의미로 대개 문장 뒤에 위치합니다. 하지만 '~할 때까지' 라는 의미를 특별히 강조하기 위해 「until+주어+동사」를 문장 앞에 쓰는 경우도 가끔 있습니다.

Tip not ~ until은 어떻게 해석하나요?
부정어 not과 함께 쓰인 not ~ until…은 '…할 때까지 ~ 않다'로 해석하는 경우와 '~하고 나서야 …하다'로 해석하는 경우 두 가지가 있어요.
She did**n't** leave for New York **until** he came back.
그녀는 그가 돌아올 때까지 뉴욕으로 출발하지 않았다.
그녀가 뉴욕으로 출발하고 나서야 그가 돌아왔다.

Her parents waited here until she came back.
그녀가 돌아올 때까지 그녀의 부모님은 여기서 기다렸다.

Did her parents wait here until she came back?
그녀가 돌아올 때까지 그녀의 부모님이 여기서 기다리셨니?

우리말 뜻을 참고하여 영어로 표현하세요.

① 그녀가 돌아올 때까지 그는 여기서 기다렸다.
He

② 그녀가 돌아올 때까지 조던은 여기서 기다렸다.
Jordan

③ 그녀가 돌아올 때까지 그녀의 언니는 여기서 기다렸다.
Her sister

④ 그녀가 돌아올 때까지 그들은 여기서 기다렸다.
They

⑤ 그녀가 돌아올 때까지 조던이 여기서 기다렸니?
Jordan

⑥ 그녀가 돌아올 때까지 그녀의 언니가 여기서 기다렸니?
her sister

⑦ 그녀가 돌아올 때까지 그가 여기서 기다렸니?
he

⑧ 그녀가 돌아올 때까지 그들이 여기서 기다렸니?
they

He'll keep trying until he *wins*.
그는 이길 때까지 계속 노력할 것이다.

Will he keep trying until he *wins*?
그는 이길 때까지 계속 노력할까?

우리말 뜻을 참고하여 영어로 표현하세요.

① 그는 성공할 때까지 계속 노력할 것이다.
succeeds

② 그는 결과를 얻을 때까지 계속 노력할 것이다.
gets the result

③ 그는 다른 일을 찾을 때까지 계속 노력할 것이다.
finds another job

④ 그는 새로운 것을 찾을 때까지 계속 노력할 것이다.
finds something new

⑤ 그는 새로운 것을 찾을 때까지 계속 노력할까?
finds something new

⑥ 그는 다른 일을 찾을 때까지 계속 노력할까?
finds another job

⑦ 그는 결과를 얻을 때까지 계속 노력할까?
gets the result

⑧ 그는 성공할 때까지 계속 노력할까?
succeeds

● 「keep+동사-ing」 계속 ~하다 • another 다른

I'll continue learning English until *I become* fluent in it.
나는 유창해질 때까지 계속 영어를 배울 것이다.

I'll continue learning *English* until I become fluent in it.
나는 유창해질 때까지 계속 영어를 배울 것이다.

우리말 뜻을 참고하여 영어로 표현하세요.

❶ 그는 유창해질 때까지 계속 영어를 배울 것이다.
He / he

❷ 그녀는 유창해질 때까지 계속 영어를 배울 것이다.
She / she

❸ 그 학생들은 유창해질 때까지 계속 영어를 배울 것이다.
The students / they

❹ 우리는 유창해질 때까지 계속 영어를 배울 것이다.
We / we

❺ 나는 유창해질 때까지 계속 중국어를 배울 것이다.
Chinese

❻ 나는 유창해질 때까지 계속 일본어를 배울 것이다.
Japanese

❼ 나는 유창해질 때까지 계속 스페인어를 배울 것이다.
Spanish

❽ 나는 유창해질 때까지 계속 아랍어를 배울 것이다.
Arabic

● 「continue+동사-ing」 계속 ~하다 ● fluent in …에 유창한 (예문의 it은 앞에 나온 English를 가리키는 대명사예요.)

낭·독·하·기 ☐☐☐☐☐ 암·송·하·기 ○○○○○

***The students have chatted** until **their** teacher comes.*
그 학생들은 선생님이 올 때까지 수다를 떨었다.

***Have the students chatted** until **their** teacher comes?*
그 학생들은 선생님이 올 때까지 수다를 떨었니?

우리말 뜻을 참고하여 영어로 표현하세요.

일치

① 그는 선생님이 올 때까지 수다를 떨었다.
   He/his

② 그녀는 선생님이 올 때까지 수다를 떨었다.
   She/her

③ 미아는 선생님이 올 때까지 수다를 떨었다.
   Mia/her

④ 그들은 선생님이 올 때까지 수다를 떨었다.
   They/their

의문

⑤ 그는 선생님이 올 때까지 수다를 떨었니?
   he/his

⑥ 그녀는 선생님이 올 때까지 수다를 떨었니?
   she/her

⑦ 그들은 선생님이 올 때까지 수다를 떨었니?
   they/their

⑧ 미아는 선생님이 올 때까지 수다를 떨었니?
   Mia/her

● chat 수다를 떨다 ● 「have+p.p.」는 과거에 일어난 일이 현재까지 이어지는 것을 말해요. 예문은 선생님이 오시기 전부터 (과거) 오신 그 순간(현재)까지 수다를 떨고 있음을 나타내요.

Jordan lived with *his* parents until *he was* 23.
조던은 23살 때까지 부모님과 함께 살았다.

Did Jordan live with *his* parents until *he was* 23?
조던은 23살 때까지 부모님과 함께 살았니?

우리말 뜻을 참고하여 영어로 표현하세요.

① 클레어는 23살 때까지 부모님과 함께 살았다.
Claire/her/she

② 그녀는 23살 때까지 부모님과 함께 살았다.
She/her/she

③ 그는 23살 때까지 부모님과 함께 살았다.
He/his/he

④ 그 쌍둥이들은 23살 때까지 부모님과 함께 살았다.
The twins/their/they

⑤ 클레어는 23살 때까지 부모님과 함께 살았니?
Claire/her/she

⑥ 그는 23살 때까지 부모님과 함께 살았니?
he/his/he

⑦ 그녀는 23살 때까지 부모님과 함께 살았니?
she/her/she

⑧ 그 쌍둥이들은 23살 때까지 부모님과 함께 살았니?
the twins/their/they

● twins 쌍둥이(들) ● '몇 살이다' 같은 나이 표현은 be동사 뒤에 숫자만 써서 간단히 나타낼 수 있어요.

낭·독·하·기 ☐☐☐☐☐ | 암·송·하·기 ○○○○○

You need to wait until *the water boils*.
너는 물이 끓을 때까지 기다려야 한다.

You don't need to wait until *the water boils*.
너는 물이 끓을 때까지 기다릴 필요가 없다.

우리말 뜻을 참고하여 영어로 표현하세요.

① 너는 그녀가 끝날 때까지 기다려야 한다.
she's finished

② 너는 비가 그칠 때까지 기다려야 한다.
the rain stops

③ 너는 그들이 뉴욕으로 이사 갈 때까지 기다려야 한다.
they move to New York

④ 너는 로건이 시험에 합격할 때까지 기다려야 한다.
Logan passes the exam

⑤ 너는 그들이 뉴욕으로 이사 갈 때까지 기다리지 않아도 된다.
they move to New York

⑥ 너는 그녀가 끝날 때까지 기다리지 않아도 된다.
she's finished

⑦ 너는 로건이 시험에 합격할 때까지 기다리지 않아도 된다.
Logan passes the exam

⑧ 너는 비가 그칠 때까지 기다리지 않아도 된다.
the rain stops

● 「need to+동사원형」 ~해야 한다, ~할 필요가 있다 • 「don't need to+동사원형」 ~하지 않아도 된다
• pass the exam 시험에 통과하다 • she's finished = she has finished

Review

041-046 그림을 보고 영어로 말해 보세요.

041

042

043

044

045

046

UNIT 06

부사절 - as soon as

시작   월   일   :
마침   월   일   :

★ **You must turn off the TV as soon as** *the show's done.*
그 프로가 끝나자마자 넌 텔레비전을 꺼야 한다.

As soon as *she leaves, her mother will clean her room.*
그녀가 나가자마자 어머니가 그녀의 방을 청소할 것이다.

「as soon as+주어+동사」의 형태로 '~하자마자', '~하는 대로'를 표현할 수 있습니다. 이때 「as soon as+주어+동사」는 대개 문장 뒤에 위치하지만, '~하자마자'의 의미를 특별히 강조할 때는 「as soon as+주어+동사」를 문장 앞에 쓰기도 합니다.

Tip 문장은 미래시제인데 왜 as soon as절은 현재시제로 썼나요?
조건을 나타내는 if, 시간과 관련된 before, after, as soon as, until 등의 부사절은 미래의 일이어도 미래시제 대신 현재시제를 써요. 아주 중요한 거니까 꼭 알아두세요.
I'll go shopping with my friend if it doesn't rain tomorrow.
　　　　　　　　　　→ if it won't rain tomorrow (X)
내일 비가 안 오면 난 친구와 쇼핑하러 갈 것이다.

I'll give you a call as soon as *I am* ready.
준비되는 대로 나는 너에게 전화할 것이다.

I'll give *you* a call as soon as I am ready.
준비되는 대로 나는 너에게 전화할 것이다.

우리말 뜻을 참고하여 영어로 표현하세요.

1 준비되는 대로 그는 너에게 전화할 것이다.
He/he

2 준비되는 대로 그녀는 너에게 전화할 것이다.
She/she

3 준비되는 대로 우리는 너에게 전화할 것이다.
We/we

4 준비되는 대로 그들은 너에게 전화할 것이다.
They/they

5 준비되는 대로 나는 그에게 전화할 것이다.
him

6 준비되는 대로 나는 그녀에게 전화할 것이다.
her

7 준비되는 대로 나는 미아에게 전화할 것이다.
Mia

8 준비되는 대로 나는 그들에게 전화할 것이다.
them

✽ give A a call A에게 전화하다 • be ready 준비되다

He'll call you back as soon as his *friend* leaves.
그의 친구가 가자마자 그가 너에게 다시 전화할 것이다.

Will he call you back as soon as his *friend* leaves?
그의 친구가 가자마자 그가 너에게 다시 전화할까?

우리말 뜻을 참고하여 영어로 표현하세요.

 응용

① 그의 사촌이 가자마자 그가 너에게 다시 전화할 것이다.
   cousin

② 그의 이웃이 가자마자 그가 너에게 다시 전화할 것이다.
   neighbor

③ 그의 할머니 할아버지가 가시자마자 그가 너에게 다시 전화할 것이다.
   grandparents

④ 그의 이모가 가자마자 그가 너에게 다시 전화할 것이다.
   aunt

 의문

⑤ 그의 할머니 할아버지가 가시자마자 그가 너에게 다시 전화할까?
   grandparents

⑥ 그의 사촌이 가자마자 그가 너에게 다시 전화할까?
   cousin

⑦ 그의 이모가 가자마자 그가 너에게 다시 전화할까?
   aunt

⑧ 그의 이웃이 가자마자 그가 너에게 다시 전화할까?
   neighbor

● call A back A에게 전화를 다시 걸다

I'll let you know as soon as *I find* out.
알아내는 대로 내가 너한테 알려줄 것이다.

I'll let *you* know as soon as I find out.
알아내는 대로 내가 너한테 알려줄 것이다.

우리말 뜻을 참고하여 영어로 표현하세요.

1 알아내는 대로 그가 너한테 알려줄 것이다.
He/he

2 알아내는 대로 그녀가 너한테 알려줄 것이다.
She/she

3 알아내는 대로 그들이 너한테 알려줄 것이다.
They/they

4 알아내는 대로 우리가 너한테 알려줄 것이다.
We/we

5 알아내는 대로 내가 그에게 알려줄 것이다.
him

6 알아내는 대로 내가 그녀에게 알려줄 것이다.
her

7 알아내는 대로 내가 그들에게 알려줄 것이다.
them

8 알아내는 대로 내가 네 친구들에게 알려줄 것이다.
your friends

● 「let A+동사원형」 A가 ~하게 해주다, A에게 ~해주다

I'm going to eat ice cream as soon as *I get* home.
나는 집에 가자마자 아이스크림을 먹을 것이다.

I'm going to eat *ice cream* as soon as I get home.
나는 집에 가자마자 아이스크림을 먹을 것이다.

우리말 뜻을 참고하여 영어로 표현하세요.

❶ 그는 집에 가자마자 아이스크림을 먹을 것이다.
He/he

❷ 그녀는 집에 가자마자 아이스크림을 먹을 것이다.
She/she

❸ 그 여자아이들은 집에 가자마자 아이스크림을 먹을 것이다.
The girls/they

❹ 조던은 집에 가자마자 아이스크림을 먹을 것이다.
Jordan/he

❺ 나는 집에 가자마자 과자를 먹을 것이다.
cookies

❻ 나는 집에 가자마자 과일을 먹을 것이다.
fruit

❼ 나는 집에 가자마자 피자를 먹을 것이다.
pizza

❽ 나는 집에 가자마자 초콜릿을 먹을 것이다.
chocolate

※ 「be going to+동사원형」 ~할 것이다 • get home 집에 도착하다, 집에 가다

He'll *go out* as soon as it stops raining.
비가 그치자마자 그는 밖에 나갈 것이다.

Will he *go out* as soon as it stops raining?
비가 그치자마자 그는 밖에 나갈 거니?

우리말 뜻을 참고하여 영어로 표현하세요.

① 비가 그치자마자 그는 배드민턴을 칠 것이다.
play badminton

② 비가 그치자마자 그는 테니스를 칠 것이다.
play tennis

③ 비가 그치자마자 그는 축구를 할 것이다.
play soccer

④ 비가 그치자마자 그는 야구를 할 것이다.
play baseball

⑤ 비가 그치자마자 그는 축구를 할 거니?
play soccer

⑥ 비가 그치자마자 그는 테니스를 칠 거니?
play tennis

⑦ 비가 그치자마자 그는 야구를 할 거니?
play baseball

⑧ 비가 그치자마자 그는 배드민턴을 칠 거니?
play badminton

🌸 「stop+동사-ing」 ~하는 것을 멈추다, ~이 그치다(it stops raining에서 it은 '그것'의 뜻이 아니라 날씨를 말할 때 쓰는 비인칭주어의 it이에요.)

낭·독·하·기 ☐☐☐☐☐ | 암·송·하·기 ○○○○○

As soon as ***she opens*** the door, a cat runs out.
그녀가 문을 열자마자 고양이 한 마리가 뛰쳐나간다.

As soon as she opens the door, a ***cat*** runs out.
그녀가 문을 열자마자 고양이 한 마리가 뛰쳐나간다.

우리말 뜻을 참고하여 영어로 표현하세요.

1 내가 문을 열자마자 고양이 한 마리가 뛰쳐나간다.
I

2 그가 문을 열자마자 고양이 한 마리가 뛰쳐나간다.
he

3 클레어가 문을 열자마자 고양이 한 마리가 뛰쳐나간다.
Claire

4 우리가 문을 열자마자 고양이 한 마리가 뛰쳐나간다.
we

5 그녀가 문을 열자마자 암탉 한 마리가 뛰쳐나간다.
hen

6 그녀가 문을 열자마자 새끼 고양이 한 마리가 뛰쳐나간다.
kitten

7 그녀가 문을 열자마자 강아지 한 마리가 뛰쳐나간다.
puppy

8 그녀가 문을 열자마자 개 한 마리가 뛰쳐나간다.
dog

Review

047-052 그림을 보고 영어로 말해 보세요.

UNIT 07

부사절 - as

☆ ***Logan listened to music as he drove.***
로건은 운전을 하면서 음악을 들었다.

You need to be careful with the plate as it's hot.
접시가 뜨거우니 너는 조심해서 다뤄야 한다.

As we all know, Nicole is a picky eater.
우리 모두 알다시피 니콜은 먹는 게 까다롭다.

「as+주어+동사」의 형태는 세 가지 주된 뜻이 있습니다. 첫 번째는 '~하면서, ~할 때'의 '시간', 두 번째는 '~하므로, ~하니까'의 '이유', 마지막으로 세 번째는 '~하다시피, ~하는 대로, ~하는 것처럼'의 뜻입니다. 뜻이 여러 가지이므로 문맥에 따라 이해해야 하고요. 「as+주어+동사」는 문장 앞이나 뒤에 모두 올 수 있습니다.

Claire is laughing as *she watches* the comedy.
클레어는 코미디를 보면서 웃고 있다.

Claire is not laughing as *she watches* the comedy.
클레어는 코미디를 보면서 웃고 있지 않다.

우리말 뜻을 참고하여 영어로 표현하세요.

① 조던은 코미디를 보면서 웃고 있다.
Jordan/he

② 내 남동생이 코미디를 보면서 웃고 있다.
My brother/he

③ 우리 부모님이 코미디를 보면서 웃고 있다.
My parents/they

④ 그 아이들이 코미디를 보면서 웃고 있다.
The children/they

⑤ 우리 부모님은 코미디를 보면서 웃고 있지 않다.
My parents/they

⑥ 그 아이들은 코미디를 보면서 웃고 있지 않다.
The children/they

⑦ 내 남동생은 코미디를 보면서 웃고 있지 않다.
My brother/he

⑧ 조던은 코미디를 보면서 웃고 있지 않다.
Jordan/he

낭·독·하·기 ▢▢▢▢▢▢ | 암·송·하·기 ○○○○○

As *I was* walking down the street, *I saw* Jordan.
나는 길을 걸어가면서 조던을 보았다.

As I was walking down the street, I saw *Jordan*.
나는 길을 걸어가면서 조던을 보았다.

우리말 뜻을 참고하여 영어로 표현하세요.

1 그는 길을 걸어가면서 조던을 보았다.
he / he
_____

2 그녀는 길을 걸어가면서 조던을 보았다.
she / she
_____

3 우리는 길을 걸어가면서 조던을 보았다.
we / we
_____

4 그들은 길을 걸어가면서 조던을 보았다.
they / they
_____

5 나는 길을 걸어가면서 니콜을 보았다.
Nicole
_____

6 나는 길을 걸어가면서 우리 삼촌을 보았다.
my uncle
_____

7 나는 길을 걸어가면서 우리 이모를 보았다.
my aunt
_____

8 나는 길을 걸어가면서 우리 이웃을 보았다.
my neighbor
_____

● walk down ~를 따라 걷다

He looks around *the shops* as he walks.
그는 걸으면서 상점들을 둘러본다.

Does he look around *the shops* as he walks?
그는 걸으면서 상점들을 둘러보니?

우리말 뜻을 참고하여 영어로 표현하세요.

① 그는 걸으면서 건물들을 둘러본다.
the buildings

② 그는 걸으면서 캠퍼스를 둘러본다.
the campus

③ 그는 걸으면서 박물관을 둘러본다.
the museum

④ 그는 걸으면서 뉴욕 시내를 둘러본다.
downtown New York

⑤ 그는 걸으면서 캠퍼스를 둘러보니?
the campus

⑥ 그는 걸으면서 박물관을 둘러보니?
the museum

⑦ 그는 걸으면서 건물들을 둘러보니?
the buildings

⑧ 그는 걸으면서 뉴욕 시내를 둘러보니?
downtown New York

● look around …를 둘러보다

낭·독·하·기 ☐☐☐☐☐ | 암·송·하·기 ○○○○○

As ***Logan grew*** older, ***he became*** more active.
로건은 나이가 들면서 더욱 활달해졌다.

As Logan grew older, he became ***more active***.
로건은 나이가 들면서 더욱 활달해졌다.

우리말 뜻을 참고하여 영어로 표현하세요.

① 미아는 나이가 들면서 더욱 활달해졌다.
Mia / she

② 우리 형들은 나이가 들면서 더욱 활달해졌다.
my brothers / they

③ 우리 사촌들은 나이가 들면서 더욱 활달해졌다.
my cousins / they

④ 나는 나이가 들면서 더욱 활달해졌다.
I / I

⑤ 로건은 나이가 들면서 더욱 자신감이 생겼다.
more confident

⑥ 로건은 나이가 들면서 더욱 사교적이 되었다.
more sociable

⑦ 로건은 나이가 들면서 수줍음을 덜 타게 됐다.
less shy

⑧ 로건은 나이가 들면서 말수가 적어졌다.
less talkative

🌸 「more+형용사」 더욱 ~한 • 「less+형용사」 덜 ~한 • talkative 수다스러운, 말이 많은

057

I *should* go home as it gets dark.
날이 어두워져서 나는 집에 가야 한다.

I should ***go home*** as it gets dark.
날이 어두워져서 나는 집에 가야 한다.

우리말 뜻을 참고하여 영어로 표현하세요.

1 날이 어두워져서 그는 집에 가야 한다.
He

2 날이 어두워져서 그녀는 집에 가야 한다.
She

3 날이 어두워져서 우리는 집에 가야 한다.
We

4 날이 어두워져서 그들은 집에 가야 한다.
They

5 날이 어두워져서 나는 집에 서둘러 가야 한다.
hurry home

6 날이 어두워져서 나는 불을 켜야 한다.
switch on the light

7 날이 어두워져서 나는 서둘러 산을 내려가야 한다.
hurry down the mountain

8 날이 어두워져서 나는 이제 출발해야 한다.
leave now

🌸 「should+동사원형」 ~해야 한다 • hurry ~에 서둘러 가다 • switch on ~을 켜다 • light 등
• hurry down ~을 서둘러 내려가다

낭·독·하·기 ☐☐☐☐☐ 암·송·하·기 ○○○○○

As it's raining again, ***I have to*** stay home.
비가 다시 내리므로 나는 집에 있어야 한다.

As it's raining again, I have to stay ***home***.
비가 다시 내리므로 나는 집에 있어야 한다.

우리말 뜻을 참고하여 영어로 표현하세요.

1 비가 다시 내리므로 그는 집에 있어야 한다.
he

2 비가 다시 내리므로 그녀는 집에 있어야 한다.
she

3 비가 다시 내리므로 우리는 집에 있어야 한다.
we

4 비가 다시 내리므로 그들은 집에 있어야 한다.
they

5 비가 다시 내리므로 나는 오늘 집에 있어야 한다.
home today

6 비가 다시 내리므로 나는 실내에 있어야 한다.
inside

7 비가 다시 내리므로 나는 여기 있어야 한다.
here

8 비가 다시 내리므로 나는 여기 좀 더 있어야 한다.
longer here

I just ***did*** as ***I was*** told by the man.
나는 그냥 그 남자한테 들은 대로 했다.

I just did as I was told by ***the man***.
나는 그냥 그 남자한테 들은 대로 했다.

우리말 뜻을 참고하여 영어로 표현하세요.

1 조던은 그냥 그 남자한테 들은 대로 했다.
Jordan/he

2 클레어는 그냥 그 남자한테 들은 대로 했다.
Claire/she

3 우리는 그냥 그 남자한테 들은 대로 했다.
We/we

4 내 친구들은 그냥 그 남자한테 들은 대로 했다.
My friends/they

5 나는 그냥 선생님한테 들은 대로 했다.
my teacher

6 나는 그냥 아버지한테 들은 대로 했다.
my father

7 나는 그냥 어머니한테 들은 대로 했다.
my mother

8 나는 그냥 할머니한테 들은 대로 했다.
my grandma

● be told by …한테 듣다

As you probably know, *she is* very picky.
네가 아마 알다시피, 그녀는 매우 까탈스럽다.

As you probably know, she is very *picky*.
네가 아마 알다시피, 그녀는 매우 까탈스럽다.

우리말 뜻을 참고하여 영어로 표현하세요.

① 네가 아마 알다시피, 그는 매우 까탈스럽다.
he

② 네가 아마 알다시피, 우리 선생님은 매우 까탈스럽다.
my teacher

③ 네가 아마 알다시피, 우리 고모들은 매우 까탈스럽다.
my aunts

④ 네가 아마 알다시피, 우리 부모님은 매우 까탈스럽다.
my parents

⑤ 네가 아마 알다시피, 그녀는 매우 수줍어한다.
shy

⑥ 네가 아마 알다시피, 그녀는 매우 수다스럽다.
talkative

⑦ 네가 아마 알다시피, 그녀는 매우 부지런하다.
diligent

⑧ 네가 아마 알다시피, 그녀는 매우 게으르다.
lazy

● probably 아마도

Review

053-060 그림을 보고 영어로 말해 보세요.

UNIT 08
부사절 - as if

| 시작 | 월 | 일 | : |
| 마침 | 월 | 일 | : |

☆ **It looks as if it's going to rain.**
비가 내릴 것처럼 보인다.

He seems as if he hasn't slept well.
그는 잠을 잘 못 잔 것처럼 보인다.

「as if+주어+동사」는 '마치 ~처럼', '마치 ~하는 것처럼'의 뜻을 나타냅니다. 이 「as if+주어+동사」는 거의 문장 뒤에 위치합니다.

He looks as if *he knows* the answer.
그는 정답을 알고 있는 것처럼 보인다.

He looks as if he knows *the answer*.
그는 정답을 알고 있는 것처럼 보인다.

우리말 뜻을 참고하여 영어로 표현하세요.

❶ 그녀는 정답을 알고 있는 것처럼 보인다.
She/she

❷ 그들은 정답을 알고 있는 것처럼 보인다.
They/they

❸ 그의 형은 정답을 알고 있는 것처럼 보인다.
His brother/he

❹ 그의 누나는 정답을 알고 있는 것처럼 보인다.
His sister/she

❺ 그는 이야기를 알고 있는 것처럼 보인다.
the story

❻ 그는 결과를 알고 있는 것처럼 보인다.
the result

❼ 그는 비밀을 알고 있는 것처럼 보인다.
the secret

❽ 그는 모든 것을 알고 있는 것처럼 보인다.
everything

🌸 look (~하게) 보이다

Logan acts as if *he's* a genius.
로건은 마치 자기가 천재인 양 행동한다.

Logan acts as if he's *a genius*.
로건은 마치 자기가 천재인 양 행동한다.

우리말 뜻을 참고하여 영어로 표현하세요.

1 그는 마치 자기가 천재인 양 행동한다.
He/he

2 그녀는 마치 자기가 천재인 양 행동한다.
She/she

3 그녀의 오빠는 마치 자기가 천재인 양 행동한다.
Her brother/he

4 너는 마치 네가 천재인 양 행동한다.
You/you

5 로건은 마치 자기가 왕자인 양 행동한다.
a prince

6 로건은 마치 자기가 스타인 양 행동한다.
a star

7 로건은 마치 자기가 교수인 양 행동한다.
a professor

8 로건은 마치 자기가 배우인 양 행동한다.
an actor

Jordan spends money as if *he's a millionaire*.
조던은 마치 백만장자처럼 돈을 쓴다.

Jordan spends money as if **he's a millionaire**.
조던은 마치 백만장자처럼 돈을 쓴다.

우리말 뜻을 참고하여 영어로 표현하세요.

1 클레어는 마치 백만장자처럼 돈을 쓴다.
   Claire/she

2 우리 삼촌은 마치 백만장자처럼 돈을 쓴다.
   My uncle/he

3 우리 고모는 마치 백만장자처럼 돈을 쓴다.
   My aunt/she

4 너는 마치 백만장자처럼 돈을 쓴다.
   You/you

5 조던은 마치 억만장자처럼 돈을 쓴다.
   he's a billionaire

6 조던은 마치 부자인 것처럼 돈을 쓴다.
   he's rich

7 조던은 마치 돈이 나무에서 자라는 것처럼 돈을 쓴다.
   it grows on trees

8 조던은 마치 복권에 당첨이라도 된 것처럼 돈을 쓴다.
   he won the lottery

🌸 money grows on trees 돈이 나무에서 자라다(돈이 하늘에서 뚝 떨어지는 줄 알다) • win the lottery 복권에 당첨되다 (win-won-won)

I feel as if these sneakers are too expensive.
내겐 이 운동화가 너무 비싼 것처럼 느껴진다.

I feel as if these **sneakers** are too expensive.
내겐 이 운동화가 너무 비싼 것처럼 느껴진다.

우리말 뜻을 참고하여 영어로 표현하세요.

1. 그에겐 이 운동화가 너무 비싼 것처럼 느껴진다.
   He

2. 그녀에겐 이 운동화가 너무 비싼 것처럼 느껴진다.
   She

3. 그들에겐 이 운동화가 너무 비싼 것처럼 느껴진다.
   They

4. 우리에겐 이 운동화가 너무 비싼 것처럼 느껴진다.
   We

5. 내겐 이 책들이 너무 비싼 것처럼 느껴진다.
   books

6. 내겐 이 바지가 너무 비싼 것처럼 느껴진다.
   pants

7. 내겐 이 청바지가 너무 비싼 것처럼 느껴진다.
   blue jeans

8. 내겐 이 선글라스가 너무 비싼 것처럼 느껴진다.
   sunglasses

● sneakers(운동화), pants(바지), blue jeans(청바지), sunglasses(선글라스)는 항상 복수형으로 쓰여요.

It's as if **he has** never played chess before.
그는 전에 한 번도 체스를 해본 적이 없는 듯하다.

It's as if he has never played **chess** before.
그는 전에 한 번도 체스를 해본 적이 없는 듯하다.

우리말 뜻을 참고하여 영어로 표현하세요.

❶ 그녀는 전에 한 번도 체스를 해본 적이 없는 듯하다.
she

❷ 그들은 전에 한 번도 체스를 해본 적이 없는 듯하다.
they

❸ 네 친구들은 전에 한 번도 체스를 해본 적이 없는 듯하다.
your friends

❹ 내 친구 미아는 전에 한 번도 체스를 해본 적이 없는 듯하다.
my friend Mia

❺ 그는 전에 한 번도 골프를 쳐본 적이 없는 듯하다.
golf

❻ 그는 전에 한 번도 하키를 해본 적이 없는 듯하다.
hockey

❼ 그는 전에 한 번도 기타를 쳐본 적이 없는 듯하다.
the guitar

❽ 그는 전에 한 번도 피아노를 쳐본 적이 없는 듯하다.
the piano

✹ It is as if ~ 마치 ~인 듯하다 (이 문장에서 It은 문장을 이끌어가는 주어로 특별한 의미는 없어요.)

낭·독·하·기 ☐☐☐☐☐ | 암·송·하·기 ○○○○○

She sings loudly as if no one else is around.
그녀는 주위에 아무도 없는 것처럼 크게 노래를 부른다.

She *sings* loudly as if no one else is around.
그녀는 주위에 아무도 없는 것처럼 크게 노래를 부른다.

우리말 뜻을 참고하여 영어로 표현하세요.

① 그는 주위에 아무도 없는 것처럼 크게 노래를 부른다.
He

② 내 친구는 주위에 아무도 없는 것처럼 크게 노래를 부른다.
My friend

③ 내 친구들은 주위에 아무도 없는 것처럼 크게 노래를 부른다.
My friends

④ 그들은 주위에 아무도 없는 것처럼 크게 노래를 부른다.
They

⑤ 그녀는 주위에 아무도 없는 것처럼 크게 말한다.
speaks

⑥ 그녀는 주위에 아무도 없는 것처럼 큰소리로 웃는다.
laughs

⑦ 그녀는 주위에 아무도 없는 것처럼 큰소리로 운다.
cries

⑧ 그녀는 주위에 아무도 없는 것처럼 크게 소리친다.
shouts

🌸 no one else 다른 누구도 ~ 않는

Review

061 - 066 그림을 보고 영어로 말해 보세요.

UNIT 09

부사절 - because

시작　월　　일　　：
마침　월　　일　　：

★ **I stayed inside because it was raining.**
비가 내리고 있었으므로 나는 실내에 있었다.

I'm running because I am late.
나는 늦어서 뛰어가고 있다.

「because+주어+동사」는 '~ 때문에', '~하므로', '~해서'라는 '이유'를 나타냅니다. 이 「because+주어+동사」는 대개 문장 뒤에 놓이지만, 드물게 '이유'의 의미를 특별히 강조하고자 할 때는 문장 앞에 놓기도 합니다.

067

I can't go there because *I am* sick.
나는 아파서 거기 갈 수가 없다.

I can't go there because *I am sick*.
나는 아파서 거기 갈 수가 없다.

우리말 뜻을 참고하여 영어로 표현하세요.

1 그는 아파서 거기 갈 수가 없다.
He/he

2 그녀는 아파서 거기 갈 수가 없다.
She/she

3 내 남동생은 아파서 거기 갈 수가 없다.
My brother/he

4 우리는 아파서 거기 갈 수가 없다.
We/we

5 나는 회의가 있어서 거기 갈 수가 없다.
I have a meeting

6 나는 바빠서 거기 갈 수가 없다.
I am busy

7 나는 어머니가 아프셔서 거기 갈 수가 없다.
my mother is sick

8 나는 공부해야 해서 거기 갈 수가 없다.
I have to study

● have a meeting 회의가 있다 ● 「have to+동사원형」 ~해야 한다

I went home because it was extremely hot.
무지 더워서 나는 집에 갔다.

I went home because it was *extremely hot*.
무지 더워서 나는 집에 갔다.

우리말 뜻을 참고하여 영어로 표현하세요.

1. 무지 더워서 그 학생들은 집에 갔다.
   The students

2. 무지 더워서 우리 언니는 집에 갔다.
   My sister

3. 무지 더워서 카터는 집에 갔다.
   Carter

4. 무지 더워서 우리 부모님은 집에 가셨다.
   My parents

5. 무지 바람이 불어서 나는 집에 갔다.
   extremely windy

6. 비가 오고 있어서 나는 집에 갔다.
   raining

7. 눈이 오고 있어서 나는 집에 갔다.
   snowing

8. 무지 추워서 나는 집에 갔다.
   extremely cold

● extremely 무지, 굉장히

I like kimchi because it's good for health.
나는 건강에 좋아서 김치를 좋아한다.

I like kimchi because it's good for health.
나는 건강에 좋아서 김치를 좋아한다.

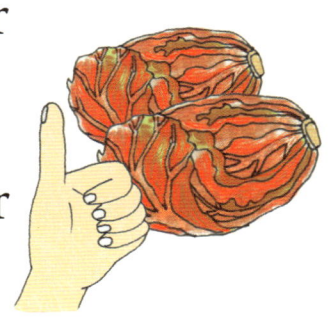

우리말 뜻을 참고하여 영어로 표현하세요.

1 그는 건강에 좋아서 김치를 좋아한다.
He

2 그녀는 건강에 좋아서 김치를 좋아한다.
She

3 우리는 건강에 좋아서 김치를 좋아한다.
We

4 한국인들은 건강에 좋아서 김치를 좋아한다.
The Koreans

5 나는 맛이 좋아서 김치를 좋아한다.
tasty

6 나는 양념 맛이 강해서 김치를 좋아한다.
spicy

7 나는 비타민이 풍부해서 김치를 좋아한다.
rich in vitamins

8 나는 섬유질이 많아서 김치를 좋아한다.
rich in fiber

● rich in …이 풍부한, …이 많은 ● fiber 섬유질

Mom is angry because I spilled water.
엄마는 내가 물을 쏟아서 화가 났다.

Mom is angry because I spilled *water*.
엄마는 내가 물을 쏟아서 화가 났다.

우리말 뜻을 참고하여 영어로 표현하세요.

1. 아빠는 내가 물을 쏟아서 화가 났다.
   Dad

2. 그는 내가 물을 쏟아서 화가 났다.
   He

3. 그녀는 내가 물을 쏟아서 화가 났다.
   She

4. 그들은 내가 물을 쏟아서 화가 났다.
   They

5. 엄마는 내가 우유를 쏟아서 화가 났다.
   milk

6. 엄마는 내가 바닥에 주스를 쏟아서 화가 났다.
   juice on the floor

7. 엄마는 내가 콜라를 쏟아서 화가 났다.
   Coke

8. 엄마는 내가 카페트에 커피를 쏟아서 화가 났다.
   coffee on the carpet

● spill …을 쏟다

I am hungry because *I didn't* eat lunch.
나는 점심을 안 먹어서 배가 고프다.

I am hungry because I didn't eat *lunch*.
나는 점심을 안 먹어서 배가 고프다.

우리말 뜻을 참고하여 영어로 표현하세요.

1 조던은 점심을 안 먹어서 배가 고프다.
Jordan/he

2 니콜은 점심을 안 먹어서 배가 고프다.
Nicole/she

3 우리는 점심을 안 먹어서 배가 고프다.
We/we

4 그들은 점심을 안 먹어서 배가 고프다.
They/they

5 나는 아침을 안 먹어서 배가 고프다.
breakfast

6 나는 저녁을 안 먹어서 배가 고프다.
supper

7 나는 간식을 안 먹어서 배가 고프다.
a snack

8 나는 아무것도 안 먹어서 배가 고프다.
anything

● anything 아무것도 (주로 not, never가 들어간 부정문에서 많이 쓰여요.)

낭·독·하·기 ☐☐☐☐☐ 암·송·하·기 ○○○○○

I can't sleep because it's too hot and humid.
나는 너무 덥고 습해서 잘 수가 없다.

I can't *sleep* because it's too hot and humid.
나는 너무 덥고 습해서 잘 수가 없다.

우리말 뜻을 참고하여 영어로 표현하세요.

❶ 그는 너무 덥고 습해서 잘 수가 없다.
He

❷ 그녀는 너무 덥고 습해서 잘 수가 없다.
She

❸ 우리는 너무 덥고 습해서 잘 수가 없다.
We

❹ 그들은 너무 덥고 습해서 잘 수가 없다.
They

❺ 나는 너무 덥고 습해서 일을 할 수가 없다.
work

❻ 나는 너무 덥고 습해서 공부를 할 수가 없다.
study

❼ 나는 너무 덥고 습해서 걸을 수가 없다.
walk

❽ 나는 너무 덥고 습해서 요리를 할 수가 없다.
cook

● humid 습한, 눅눅한

I can't buy the backpack because it's too expensive.
너무 비싸서 나는 그 배낭을 살 수 없다.

I can't buy the *backpack* because it's too expensive.
너무 비싸서 나는 그 배낭을 살 수 없다.

우리말 뜻을 참고하여 영어로 표현하세요.

❶ 너무 비싸서 그는 그 배낭을 살 수 없다.
He

❷ 너무 비싸서 그녀는 그 배낭을 살 수 없다.
She

❸ 너무 비싸서 우리는 그 배낭을 살 수 없다.
We

❹ 너무 비싸서 그 아이들은 그 배낭을 살 수 없다.
The children

❺ 너무 비싸서 나는 그 티셔츠를 살 수 없다.
T-shirt

❻ 너무 비싸서 나는 그 재킷을 살 수 없다.
jacket

❼ 너무 비싸서 나는 그 휴대전화기를 살 수 없다.
cellphone

❽ 너무 비싸서 나는 그 휴대전화기 케이스를 살 수 없다.
cellphone case

낭·독·하·기 ☐☐☐☐☐ 암·송·하·기 ○○○○○

I like the color green because it makes *me* peaceful.
나를 평온하게 해주므로 나는 녹색을 좋아한다.

I like the color green because it makes me *peaceful*.
나를 평온하게 해주므로 나는 녹색을 좋아한다.

우리말 뜻을 참고하여 영어로 표현하세요.

1 그를 평온하게 해주므로 그는 녹색을 좋아한다.
He/him

2 그녀를 평온하게 해주므로 그녀는 녹색을 좋아한다.
She/her

3 우리를 평온하게 해주므로 우리는 녹색을 좋아한다.
We/us

4 그들을 평온하게 해주므로 사람들은 녹색을 좋아한다.
People/them

5 나를 차분하게 해주므로 나는 녹색을 좋아한다.
calm

6 나를 행복하게 해주므로 나는 녹색을 좋아한다.
happy

7 나를 편안하게 해주므로 나는 녹색을 좋아한다.
comfortable

8 나를 자신감 있게 해주므로 나는 녹색을 좋아한다.
confident

❋ 「make+A+형용사」 A를 ~한 상태로 만들다, A를 ~한 상태가 되게 하다 • people(사람들)은 그 자체가 복수의 뜻을 가지므로 항상 복수로 취급해요.

Review

067-074 그림을 보고 영어로 말해 보세요.

067

068

069
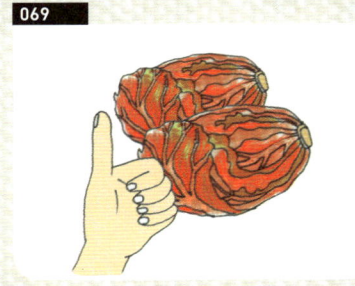

070

071

072

073

074

UNIT 10

부사절 - since

시작   월   일   :
마침   월   일   :

☆ **I have not seen her since I moved.**
나는 이사한 이후로 그녀를 본 적이 없다.

「since+주어+동사」절은 '~ 이후로', '~을 한지', '~ 때부터'라는 시간의 흐름을 의미입니다. 이미 지나간 일이기 때문에 since절의 시제는 반드시 과거로 써야 하며 보통 문장의 끝 부분에 위치합니다. 그리고 예문처럼 현재완료 문장에 주로 쓰입니다.

Since I was tired, I went to bed.
나는 피곤해서 잠자리에 들었다.

「since+주어+동사」는 '~하므로', '~해서'라는 '이유'를 나타내기도 합니다. 이때는 대개 문장의 시작 부분에 위치합니다.

I've loved *pizza* since I was a child.
나는 어릴 적부터 피자를 아주 좋아했다.

I haven't loved *pizza* since I was a child.
나는 어릴 적부터 피자를 아주 좋아하지는 않았다.

우리말 뜻을 참고하여 영어로 표현하세요.

① 나는 어릴 적부터 햄버거를 아주 좋아했다.
hamburgers

② 나는 어릴 적부터 프라이드 치킨을 아주 좋아했다.
fried chicken

③ 나는 어릴 적부터 스파게티를 아주 좋아했다.
spaghetti

④ 나는 어릴 적부터 라면을 아주 좋아했다.
ramen noodles

⑤ 나는 어릴 적부터 라면을 아주 좋아하지는 않았다.
ramen noodles

⑥ 나는 어릴 적부터 스파게티를 아주 좋아하지는 않았다.
spaghetti

⑦ 나는 어릴 적부터 프라이드 치킨을 아주 좋아하지는 않았다.
fried chicken

⑧ 나는 어릴 적부터 햄버거를 아주 좋아하지는 않았다.
hamburgers

They have known each other since they were *young*.
그들은 어렸을 때부터 서로 잘 알았다.

Have they known each other since they were *young*?
그들은 어렸을 때부터 서로 잘 알았니?

우리말 뜻을 참고하여 영어로 표현하세요.

1 그들은 어릴 적부터 서로 잘 알았다.
kids

2 그들은 10살 때부터 서로 잘 알았다.
ten

3 그들은 유치원 때부터 서로 잘 알았다.
in kindergarten

4 그들은 초등학교 때부터 서로 잘 알았다.
in elementary school

5 그들은 10살 때부터 서로 잘 알았니?
ten

6 그들은 유치원 때부터 서로 잘 알았니?
in kindergarten

7 그들은 초등학교 때부터 서로 잘 알았니?
in elementary school

8 그들은 어릴 적부터 서로 잘 알았니?
kids

● be in kindergarten 유치원에 다니다 ● be in elementary school 초등학교에 다니다

Five years have passed since I graduated from college.
내가 대학교를 졸업한지 5년이 지났다.

Five years have passed since I graduated from _college_.
내가 대학교를 졸업한지 5년이 지났다.

우리말 뜻을 참고하여 영어로 표현하세요.

❶ 내가 대학교를 졸업한지 1년이 지났다.
A year

❷ 내가 대학교를 졸업한지 거의 1년이 지났다.
Almost a year

❸ 내가 대학교를 졸업한지 10개월이 지났다.
Ten months

❹ 내가 대학교를 졸업한지 거의 10개월이 지났다.
Almost ten months

❺ 내가 초등학교를 졸업한지 5년이 지났다.
elementary school

❻ 내가 중학교를 졸업한지 5년이 지났다.
middle school

❼ 내가 고등학교를 졸업한지 5년이 지났다.
high school

❽ 내가 대학원을 졸업한지 5년이 지났다.
graduate school

✹ almost 거의 • graduate from ~을 졸업하다(from을 꼭 써 줘야 해요.)

It has been 7 years since *we moved* here.
우리가 여기로 이사 온 지 7년이 되었다.

It has been 7 years since we *moved here*.
우리가 여기로 이사 온 지 7년이 되었다.

Seven years ago...

우리말 뜻을 참고하여 영어로 표현하세요.

① 내가 여기로 이사 온 지 7년이 되었다.
I

② 그녀가 여기로 이사 온 지 7년이 되었다.
she

③ 그들이 여기로 이사 온 지 7년이 되었다.
they

④ 우리 가족이 여기로 이사 온 지 7년이 되었다.
my family

⑤ 우리가 결혼한 지 7년이 되었다.
got married

⑥ 우리가 마지막으로 만난 지 7년이 되었다.
last met

⑦ 우리가 헤어진 지 7년이 되었다.
parted

⑧ 우리가 이 집을 산 지 7년이 되었다.
bought this house

● 「it has been 시간 표현+since+주어+과거 동사」 ~한 지 (시간이) …가 되었다 • get married 결혼하다 • part 헤어지다

Since McDonald's was closed, ***I went*** to KFC.
맥도날드가 문을 닫았으므로 나는 KFC로 갔다.

Since McDonald's was closed, I went to ***KFC***.
맥도날드가 문을 닫았으므로 나는 KFC로 갔다.

우리말 뜻을 참고하여 영어로 표현하세요.

❶ 맥도날드가 문을 닫았으므로 그는 KFC로 갔다.
he

❷ 맥도날드가 문을 닫았으므로 그녀는 KFC로 갔다.
she

❸ 맥도날드가 문을 닫았으므로 우리는 KFC로 갔다.
we

❹ 맥도날드가 문을 닫았으므로 그들은 KFC로 갔다.
they

❺ 맥도날드가 문을 닫았으므로 나는 버거킹으로 갔다.
Burger King

❻ 맥도날드가 문을 닫았으므로 나는 던킨도너츠로 갔다.
Dunkin' Donuts

❼ 맥도날드가 문을 닫았으므로 나는 웬디스로 갔다.
Wendy's

❽ 맥도날드가 문을 닫았으므로 나는 롯데리아로 갔다.
Lotteria

🌸 be closed (문을) 닫다 ↔ be opened (문을) 열다

Since ***I was*** angry with her, ***I didn't*** say a word.
나는 그녀에게 화가 나서 아무 말도 하지 않았다.

Since I was angry with her, I didn't ***say a word***.
나는 그녀에게 화가 나서 아무 말도 하지 않았다.

우리말 뜻을 참고하여 영어로 표현하세요.

❶ 로건은 그녀에게 화가 나서 아무 말도 하지 않았다.
Logan/he
------

❷ 그녀의 부모님은 그녀에게 화가 나서 아무 말도 하지 않았다.
her parents/they
------

❸ 그녀의 남자친구는 그녀에게 화가 나서 아무 말도 하지 않았다.
her boyfriend/he
------

❹ 그녀의 삼촌은 그녀에게 화가 나서 아무 말도 하지 않았다.
her uncle/he
------

❺ 나는 그녀에게 화가 나서 전화를 걸지 않았다.
call her
------

❻ 나는 그녀에게 화가 나서 문자를 보내지 않았다.
text her
------

❼ 나는 그녀에게 화가 나서 미소를 짓지 않았다.
smile at her
------

❽ 나는 그녀에게 화가 나서 인사를 하지 않았다.
greet her

● be angry with …에게 화가 나다 ● text …에게 문자를 보내다 ● smile at …에게 미소 짓다 ● greet …에게 인사하다

Review

075-080 그림을 보고 영어로 말해 보세요.

075

076

077

078

079

080

UNIT 11

부사절 - though·although

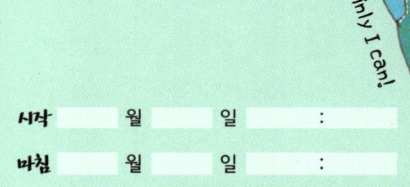

시작   월   일   :
마침   월   일   :

☆ *Jordan is strong **though** he is small.*
조던은 작지만 체력이 강하다.

***Although** Mia works hard, she does not score well.*
미아는 열심히 공부하는데도 점수가 좋지 못하다.

「though+주어+동사」, 「although+주어+동사」는 '비록 ~하지만, ~하는데도, ~함에도 불구하고'의 뜻을 나타냅니다. 「though+주어+동사」, 「although+주어+동사」는 대개 문장 뒤에 위치하지만, '비록 ~하지만'의 의미를 특별히 강조할 때는 문장 앞에 쓰기도 합니다. 참고로 though는 회화에서 더 많이 쓰입니다.

I was friendly though he was rude.
그가 버릇없게 굴었음에도 나는 상냥하게 대했다.

I was friendly though he was *rude*.
그가 버릇없게 굴었음에도 나는 상냥하게 대했다.

우리말 뜻을 참고하여 영어로 표현하세요.

① 그가 버릇없게 굴었음에도 그녀는 상냥하게 대했다.
She

② 그가 버릇없게 굴었음에도 우리 누나는 상냥하게 대했다.
My sister

③ 그가 버릇없게 굴었음에도 우리는 상냥하게 대했다.
We

④ 그가 버릇없게 굴었음에도 그들은 상냥하게 대했다.
They

⑤ 그가 친절하지 않았음에도 나는 상냥하게 대했다.
not kind

⑥ 그가 못되게 굴었음에도 나는 상냥하게 대했다.
mean

⑦ 그가 폭력적이었음에도 나는 상냥하게 대했다.
violent

⑧ 그가 우리 부모님에게 버릇없게 굴었음에도 나는 상냥하게 대했다.
rude to my parents

● friendly 상냥한, 상냥하게 대하는 ● mean 야비한, 못되게 구는

He is wearing a *coat* though it is hot.
날씨가 더운데도 그는 외투를 입고 있다.

Is he wearing a *coat* though it is hot?
날씨가 더운데도 그는 외투를 입고 있니?

우리말 뜻을 참고하여 영어로 표현하세요.

1 날씨가 더운데도 그는 재킷을 입고 있다.
　　jacket

2 날씨가 더운데도 그는 스웨터를 입고 있다.
　　sweater

3 날씨가 더운데도 그는 넥타이를 매고 있다.
　　tie

4 날씨가 더운데도 그는 목도리를 하고 있다.
　　scarf

5 날씨가 더운데도 그는 넥타이를 매고 있니?
　　tie

6 날씨가 더운데도 그는 목도리를 하고 있니?
　　scarf

7 날씨가 더운데도 그는 스웨터를 입고 있니?
　　sweater

8 날씨가 더운데도 그는 재킷을 입고 있니?
　　jacket

Although *I like* animals, *I don't* like dogs.
나는 동물을 좋아하기는 하지만 개는 좋아하지 않는다.

Although I like animals, I don't like *dogs*.
나는 동물을 좋아하기는 하지만 개는 좋아하지 않는다.

우리말 뜻을 참고하여 영어로 표현하세요.

❶ 그는 동물을 좋아하기는 하지만 개는 좋아하지 않는다.
he/he

❷ 그녀는 동물을 좋아하기는 하지만 개는 좋아하지 않는다.
she/she

❸ 우리는 동물을 좋아하기는 하지만 개는 좋아하지 않는다.
we/we

❹ 그들은 동물을 좋아하기는 하지만 개는 좋아하지 않는다.
they/they

❺ 나는 동물을 좋아하기는 하지만 고양이는 좋아하지 않는다.
cats

❻ 나는 동물을 좋아하기는 하지만 뱀은 좋아하지 않는다.
snakes

❼ 나는 동물을 좋아하기는 하지만 사자는 좋아하지 않는다.
lions

❽ 나는 동물을 좋아하기는 하지만 말은 좋아하지 않는다.
horses

🌸 「Although+주어+동사」가 문장 앞에 위치하게 되면 반드시 콤마(,)를 쓰는 것 잊지 마세요.

| 낭·독·하·기 ☐☐☐☐☐ | 암·송·하·기 ○○○○○ |

mp3 084

Although it's raining, *they* still *play* soccer.
비가 내리고 있는데도 그들은 여전히 축구를 한다.

Although it's raining, they still play *soccer*.
비가 내리고 있는데도 그들은 여전히 축구를 한다.

우리말 뜻을 참고하여 영어로 표현하세요.

일치

1 비가 내리고 있는데도 아이들은 여전히 축구를 한다.
the children
_____

2 비가 내리고 있는데도 남자아이들은 여전히 축구를 한다.
the boys
_____

3 비가 내리고 있는데도 내 친구들은 여전히 축구를 한다.
my friends
_____

4 비가 내리고 있는데도 우리는 여전히 축구를 한다.
we
_____

응용

5 비가 내리고 있는데도 그들은 여전히 야구를 한다.
baseball
_____

6 비가 내리고 있는데도 그들은 여전히 골프를 친다.
golf
_____

7 비가 내리고 있는데도 그들은 여전히 테니스를 친다.
tennis
_____

8 비가 내리고 있는데도 그들은 여전히 비치발리볼을 한다.
beach volleyball
_____

Though *I like* taking pictures, *I'm* not good at it.
나는 사진 찍는 걸 좋아하지만 잘하지는 못한다.

Though I like *taking pictures*, I'm not good at it.
나는 사진 찍는 걸 좋아하지만 잘하지는 못한다.

우리말 뜻을 참고하여 영어로 표현하세요.

1 그는 사진 찍는 걸 좋아하지만 잘하지는 못한다.
he / he

2 그녀는 사진 찍는 걸 좋아하지만 잘하지는 못한다.
she / she

3 그 학생들은 사진 찍는 걸 좋아하지만 잘하지는 못한다.
the students / they

4 클레어는 사진 찍는 걸 좋아하지만 잘하지는 못한다.
Claire / she

5 나는 핸드폰으로 사진 찍는 걸 좋아하지만 잘하지는 못한다.
taking pictures with my cellphone

6 나는 그림 그리는 걸 좋아하지만 잘하지는 못한다.
drawing pictures

7 나는 피아노 치는 걸 좋아하지만 잘하지는 못한다.
playing the piano

8 나는 기타 치는 걸 좋아하지만 잘하지는 못한다.
playing the guitar

● 「like+동사-ing」 …하는 것을 좋아하다 • be good at …을 잘하다 • take pictures 사진을 찍다 • draw pictures 그림을 그리다 (picture에는 '사진, 그림' 두 가지 뜻이 있어요.)

He cleans his room although no one tells *him* to.
아무도 그에게 하라고 말하지 않지만 그는 자기 방을 청소한다.

Does he clean his room although no one tells *him* to?
아무도 그에게 하라고 말하지 않지만 그는 자기 방을 청소하니?

우리말 뜻을 참고하여 영어로 표현하세요.

 일치

① 아무도 그 남자아이들에게 하라고 말하지 않지만 그들은 자기들 방을 청소한다.
The boys/their/them

② 아무도 그녀에게 하라고 말하지 않지만 그녀는 자기 방을 청소한다.
She/her/her

③ 아무도 그 쌍둥이들에게 하라고 말하지 않지만 그들은 자기들 방을 청소한다.
The twins/their/them

④ 아무도 미아에게 하라고 말하지 않지만 그녀는 자기 방을 청소한다.
Mia/her/her

 의문

⑤ 아무도 미아에게 하라고 말하지 않지만 그녀는 자기 방을 청소하니?
Mia/her/her

⑥ 아무도 그 남자아이들에게 하라고 말하지 않지만 그들은 자기들 방을 청소하니?
the boys/their/them

⑦ 아무도 그녀에게 하라고 말하지 않지만 그녀는 자기 방을 청소하니?
she/her/her

⑧ 아무도 그 쌍둥이들에게 하라고 말하지 않지만 그들은 자기들 방을 청소하니?
the twins/their/them

※ 원래 no one tells him to clean his room. 이지만 to 이하가 생략되었어요. 이렇게 생략해도 알아들을 수 있는 것은 생략하고 말하기도 해요.

Review

081-086 그림을 보고 영어로 말해 보세요.

UNIT 12

관계대명사 - who

시작 　월　　일　　：
마침 　월　　일　　：

☆ **Nicole is a smart student who is good at math.** (← who+동사)
니콜은 수학을 잘하는 똑똑한 학생이다.

The woman who lives next door is friendly. (← who+동사)
우리 옆집에 사는 그 여자는 친절하다.

She is the woman (who) I loved once. (← who+주어+동사)
그녀는 내가 한때 사랑했던 여자다.

the boy, people, a friend, a doctor 등의 사람을 좀 더 자세히, 구체적으로 설명하고 싶을 때가 있습니다. 그때는 설명하고자 하는 사람 명사 뒤에 「who+동사 ~」, 「who+주어+동사 ~」 형태를 써서 사람 명사를 꾸며줍니다. 「who+주어+동사 ~」에서 who는 생략할 수도 있습니다.

Carter is a good student who works hard.
카터는 열심히 공부하는 착한 학생이다.

Is Carter a good student who works hard?
카터는 열심히 공부하는 착한 학생이니?

우리말 뜻을 참고하여 영어로 표현하세요.

1. 그 여자아이는 열심히 공부하는 착한 학생이다.
   The girl

2. 그 남자아이는 열심히 공부하는 착한 학생이다.
   The boy

3. 그 아이는 열심히 공부하는 착한 학생이다.
   The child

4. 그녀의 언니는 열심히 공부하는 착한 학생이다.
   Her sister

5. 그 남자아이는 열심히 공부하는 착한 학생이니?
   the boy

6. 그 아이는 열심히 공부하는 착한 학생이니?
   the child

7. 그 여자아이는 열심히 공부하는 착한 학생이니?
   the girl

8. 그녀의 언니는 열심히 공부하는 착한 학생이니?
   her sister

● 현재 시제일 때는 who가 설명하는 명사가 단수냐, 복수냐에 따라 「who+동사 ~」의 동사 형태가 결정돼요.

낭·독·하·기 ☐☐☐☐☐ | 암·송·하·기 ○○○○○

My uncle who is a lawyer lives in LA.
변호사인 우리 삼촌은 로스앤젤레스에 산다.

My uncle who is a lawyer doesn't live in LA.
변호사인 우리 삼촌은 로스앤젤레스에 살지 않는다.

우리말 뜻을 참고하여 영어로 표현하세요.

① 변호사인 그의 사촌은 로스앤젤레스에 산다.
His cousin
----

② 변호사인 그녀의 이모는 로스앤젤레스에 산다.
Her aunt
----

③ 변호사인 그의 형은 로스앤젤레스에 산다.
His brother
----

④ 변호사인 그녀의 할아버지는 로스앤젤레스에 산다.
Her grandfather
----

⑤ 변호사인 그의 형은 로스앤젤레스에 살지 않는다.
His brother
----

⑥ 변호사인 그의 사촌은 로스앤젤레스에 살지 않는다.
His cousin
----

⑦ 변호사인 그녀의 할아버지는 로스앤젤레스에 살지 않는다.
Her grandfather
----

⑧ 변호사인 그녀의 이모는 로스앤젤레스에 살지 않는다.
Her aunt

● 「who+동사 ~」는 자기가 설명하는 명사 바로 뒤에 놓여요.

The *chubby* boy who is wearing a yellow T-shirt is Jordan.
노란색 티셔츠를 입고 있는 통통한 남자아이가 조던이다.

The *chubby* boy who is wearing a yellow T-shirt is not Jordan.
노란색 티셔츠를 입고 있는 통통한 남자아이는 조던이 아니다.

우리말 뜻을 참고하여 영어로 표현하세요.

① 노란색 티셔츠를 입고 있는 키 큰 남자아이가 조던이다.
   tall

② 노란색 티셔츠를 입고 있는 키 작은 남자아이가 조던이다.
   short

③ 노란색 티셔츠를 입고 있는 빼빼 마른 남자아이가 조던이다.
   skinny

④ 노란색 티셔츠를 입고 있는 귀여운 남자아이가 조던이다.
   cute

⑤ 노란색 티셔츠를 입고 있는 빼빼 마른 남자아이는 조던이 아니다.
   skinny

⑥ 노란색 티셔츠를 입고 있는 키 큰 남자아이는 조던이 아니다.
   tall

⑦ 노란색 티셔츠를 입고 있는 귀여운 남자아이는 조던이 아니다.
   cute

⑧ 노란색 티셔츠를 입고 있는 키 작은 남자아이는 조던이 아니다.
   short

낭·독·하·기 ☐☐☐☐☐ 암·송·하·기 ○○○○○

She hates people who are selfish.
그녀는 이기적인 사람들을 싫어한다.

Does she hate people who are selfish?
그녀는 이기적인 사람들을 싫어하니?

우리말 뜻을 참고하여 영어로 표현하세요.

일치

1. 그는 이기적인 사람들을 싫어한다.
   He

2. 그들은 이기적인 사람들을 싫어한다.
   They

3. 그의 어머니는 이기적인 사람들을 싫어한다.
   His mother

4. 그의 부모님은 이기적인 사람들을 싫어한다.
   His parents

의문

5. 그는 이기적인 사람들을 싫어하니?
   he

6. 그들은 이기적인 사람들을 싫어하니?
   they

7. 그의 부모님은 이기적인 사람들을 싫어하니?
   his parents

8. 그의 어머니는 이기적인 사람들을 싫어하니?
   his mother

He has a classmate who never *studies*.
그에게는 공부를 전혀 하지 않는 반 친구가 한 명 있다.

Does he have a classmate who never *studies*?
그에게는 공부를 전혀 하지 않는 반 친구가 한 명 있니?

우리말 뜻을 참고하여 영어로 표현하세요.

① 그에게는 책을 전혀 읽지 않는 반 친구가 한 명 있다.
reads books

② 그에게는 화를 전혀 내지 않는 반 친구가 한 명 있다.
gets angry

③ 그에게는 아무하고도 말을 하지 않는 반 친구가 한 명 있다.
talks to anyone

④ 그에게는 자신의 실수를 전혀 인정하지 않는 반 친구가 한 명 있다.
admits his mistakes

⑤ 그에게는 아무하고도 말을 하지 않는 반 친구가 한 명 있니?
talks to anyone

⑥ 그에게는 자신의 실수를 전혀 인정하지 않는 반 친구가 한 명 있니?
admits his mistakes

⑦ 그에게는 책을 전혀 읽지 않는 반 친구가 한 명 있니?
reads books

⑧ 그에게는 화를 전혀 내지 않는 반 친구가 한 명 있니?
gets angry

※ never는 일반동사 앞에서 don't, doesn't, didn't의 역할을 하면서 더 강한 부정의 뜻을 나타내요.

낭·독·하·기 ☐☐☐☐☐ | 암·송·하·기 ○○○○○

I know the woman who won the speech contest.
나는 웅변대회에서 1등을 한 여자를 안다.

I don't know the woman who won the speech contest.
나는 웅변대회에서 1등을 한 여자를 모른다.

우리말 뜻을 참고하여 영어로 표현하세요.

일치

① 그는 웅변대회에서 1등을 한 여자를 안다.
He
----

② 그녀는 웅변대회에서 1등을 한 여자를 안다.
She
----

③ 우리는 웅변대회에서 1등을 한 여자를 안다.
We
----

④ 그들은 웅변대회에서 1등을 한 여자를 안다.
They

 부정

⑤ 그들은 웅변대회에서 1등을 한 여자를 모른다.
They
----

⑥ 그녀는 웅변대회에서 1등을 한 여자를 모른다.
She
----

⑦ 그는 웅변대회에서 1등을 한 여자를 모른다.
He
----

⑧ 우리는 웅변대회에서 1등을 한 여자를 모른다.
We

● win the contest 대회에서 1등하다, 우승하다

Jordan wants to be a doctor who helps poor people.
조던은 가난한 사람들을 돕는 의사가 되고 싶어 한다.

Does *Jordan* want to be a doctor who helps poor people?
조던은 가난한 사람들을 돕는 의사가 되고 싶어 하니?

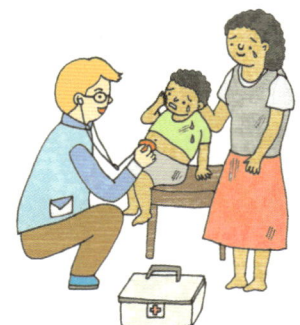

우리말 뜻을 참고하여 영어로 표현하세요.

① 그는 가난한 사람들을 돕는 의사가 되고 싶어 한다.
He

② 그녀는 가난한 사람들을 돕는 의사가 되고 싶어 한다.
She

③ 그 남자아이는 가난한 사람들을 돕는 의사가 되고 싶어 한다.
The boy

④ 그 여자아이는 가난한 사람들을 돕는 의사가 되고 싶어 한다.
The girl

⑤ 그는 가난한 사람들을 돕는 의사가 되고 싶어 하니?
he

⑥ 그 남자아이는 가난한 사람들을 돕는 의사가 되고 싶어 하니?
the boy

⑦ 그녀는 가난한 사람들을 돕는 의사가 되고 싶어 하니?
she

⑧ 그 여자아이는 가난한 사람들을 돕는 의사가 되고 싶어 하니?
the girl

● be동사에는 '~이다, ~이 있다' 외에 '~이 되다'라는 뜻도 있어요.

낭·독·하·기 ☐☐☐☐☐ 암·송·하·기 ○○○○○

Abraham Lincoln is the person (who) *I admire* the most.
에이브러햄 링컨은 내가 가장 존경하는 사람이다.

Abraham Lincoln is not the person (who) I admire the most.
에이브러햄 링컨은 내가 가장 존경하는 사람이 아니다.

우리말 뜻을 참고하여 영어로 표현하세요.

① 에이브러햄 링컨은 그가 가장 존경하는 사람이다.
   he

② 에이브러햄 링컨은 그녀의 아버지가 가장 존경하는 사람이다.
   her father

③ 에이브러햄 링컨은 그들이 가장 존경하는 사람이다.
   they

④ 에이브러햄 링컨은 우리 선생님이 가장 존경하는 사람이다.
   our teacher

⑤ 에이브러햄 링컨은 그녀의 아버지가 가장 존경하는 사람이 아니다.
   her father

⑥ 에이브러햄 링컨은 그들이 가장 존경하는 사람이 아니다.
   they

⑦ 에이브러햄 링컨은 그가 가장 존경하는 사람이 아니다.
   he

⑧ 에이브러햄 링컨은 우리 선생님이 가장 존경하는 사람이 아니다.
   our teacher

● admire 존경하다 ● 회화에서는 사람 명사 다음 「who+주어+동사 ~」가 올 경우 who를 생략하는 경우가 많아요.

That's the woman (who) I met *yesterday*.
저 사람이 내가 어제 만난 여자다.

Is that the woman (who) I met *yesterday*?
저 사람이 내가 어제 만난 여자니?

우리말 뜻을 참고하여 영어로 표현하세요.

① 저 사람이 내가 너의 집에서 만난 여자다.
at your house

② 저 사람이 내가 오늘 아침에 만난 여자다.
this morning

③ 저 사람이 내가 지난 월요일에 만난 여자다.
last Monday

④ 저 사람이 내가 어제 너의 집에서 만난 여자다.
at your house yesterday

⑤ 저 사람이 내가 오늘 아침에 만난 여자니?
this morning

⑥ 저 사람이 내가 지난 월요일에 만난 여자니?
last Monday

⑦ 저 사람이 내가 너의 집에서 만난 여자니?
at your house

⑧ 저 사람이 내가 어제 너의 집에서 만난 여자니?
at your house yesterday

Jordan is *my* best friend (who) I can trust.
조던은 내가 신뢰할 수 있는 나의 가장 친한 친구이다.

Jordan is not *my* best friend (who) I can trust.
조던은 내가 신뢰할 수 있는 나의 가장 친한 친구가 아니다.

우리말 뜻을 참고하여 영어로 표현하세요.

① 조던은 그들이 신뢰할 수 있는 그들의 가장 친한 친구이다.
   their/they
   _____

② 조던은 그가 신뢰할 수 있는 그의 가장 친한 친구이다.
   his/he
   _____

③ 조던은 우리가 신뢰할 수 있는 우리의 가장 친한 친구이다.
   our/we
   _____

④ 조던은 네가 신뢰할 수 있는 너의 가장 친한 친구이다.
   your/you
   _____

⑤ 조던은 네가 신뢰할 수 있는 너의 가장 친한 친구가 아니다.
   your/you
   _____

⑥ 조던은 그들이 신뢰할 수 있는 그들의 가장 친한 친구가 아니다.
   their/they
   _____

⑦ 조던은 그가 신뢰할 수 있는 그의 가장 친한 친구가 아니다.
   his/he
   _____

⑧ 조던은 우리가 신뢰할 수 있는 우리의 가장 친한 친구가 아니다.
   our/we
   _____

● trust 믿다, 신뢰하다

You need someone (who) ***you*** can spend time with.
너는 함께 시간을 보낼 누군가가 필요하다.

Do you need someone (who) ***you*** can spend time with?
너는 함께 시간을 보낼 누군가가 필요하니?

우리말 뜻을 참고하여 영어로 표현하세요.

① 그녀는 함께 시간을 보낼 누군가가 필요하다.
She / she

② 그는 함께 시간을 보낼 누군가가 필요하다.
He / he

③ 그들은 함께 시간을 보낼 누군가가 필요하다.
They / they

④ 우리는 함께 시간을 보낼 누군가가 필요하다.
We / we

⑤ 그는 함께 시간을 보낼 누군가가 필요하니?
he / he

⑥ 우리는 함께 시간을 보낼 누군가가 필요하니?
we / we

⑦ 그녀는 함께 시간을 보낼 누군가가 필요하니?
she / she

⑧ 그들은 함께 시간을 보낼 누군가가 필요하니?
they / they

I know the woman (who) *my* friend is talking to.
나는 내 친구가 얘기를 나누고 있는 여자를 안다.

I don't know the woman (who) *my* friend is talking to.
나는 내 친구가 얘기를 나누고 있는 여자를 모른다.

우리말 뜻을 참고하여 영어로 표현하세요.

❶ 그는 그의 친구가 얘기를 나누고 있는 여자를 안다.
He/his

❷ 로건은 그의 친구가 얘기를 나누고 있는 여자를 안다.
Logan/his

❸ 우리 형은 그의 친구가 얘기를 나누고 있는 여자를 안다.
My brother/his

❹ 그들은 그들의 친구가 얘기를 나누고 있는 여자를 안다.
They/their

❺ 로건은 그의 친구가 얘기를 나누고 있는 여자를 모른다.
Logan/his

❻ 그들은 그들의 친구가 얘기를 나누고 있는 여자를 모른다.
They/their

❼ 우리 형은 그의 친구가 얘기를 나누고 있는 여자를 모른다.
My brother/his

❽ 그는 그의 친구가 얘기를 나누고 있는 여자를 모른다.
He/his

Review

087-098 그림을 보고 영어로 말해 보세요.

GRAMMAR POINT 2

관계대명사를 활용해 두 문장을 하나로 연결해 볼까요?
I like GD and he is a singer.

→ I like GD who is a singer.
나는 가수인 GD를 좋아한다.

공통된 부분을 한 번만 쓰고 그 뒤에 who를 쓰면 두 문장을 자연스럽게 연결할 수 있습니다.
관계대명사 who가 접속사(and) 역할을 하면서 대명사(he)를 대신하는 것이죠.

❶ **who와 that**은 사람을 가리켜요.
They caught the man **who[that]** broke the window.
그들은 창문을 깬 그 남자를 잡았다.

❷ **which와 that**은 사물을 가리켜요.
I lost the map **which[that]** she gave me.
나는 그녀가 내게 준 지도를 잃어 버렸다.

❸ **whose**는 소유를 나타내요.
She complained to the man **whose** dog bit her.
그녀는 자신을 문 개 주인 남자에게 항의했다.

❹ **where**는 특정 장소를 가리켜요.
We visited the house **where** my father was born.
우리는 아버지가 태어난 집을 방문했다.

❺ **that**은 부가 정보를 나타내는 **who**나 **which**를 대신할 수 없어요.
Mata Hari, **who** was a famous spy, was born in the Netherlands.
유명한 스파이, 마타 하리는 네덜란드에서 태어났다.

❻ **what**은 앞 단어를 포함하고 있어요.
He will do **what** makes him happy.
      (=the thing which)
그는 그를 행복하게 하는 것을 할 거다.

UNIT 13
관계대명사 - which · that ①

시작　월　　일　　：
마침　월　　일　　：

☆ *He is taking a bus* **which[that]** *is blue.* (← which[that]+동사)
그는 파란색 버스를 타고 있다.

She likes the movies **which[that]** *come from Hollywood.* (← which[that]+동사)
그녀는 할리우드에서 온 영화를 좋아한다.

a cap, a dog, the restaurant, the fruit, the rose, the food 같은 사물과 동식물, 장소를 좀 더 자세하고 구체적으로 설명해 줄 때는 「which[that]+동사~」를 꾸며줄 명사 뒤에 씁니다.

He is wearing a cap which is **black**.
그는 검정색 야구 모자를 쓰고 있다.

Is he wearing a cap which is **black**?
그는 검정색 야구 모자를 쓰고 있니?

우리말 뜻을 참고하여 영어로 표현하세요.

① 그는 파란색 야구 모자를 쓰고 있다.
blue
----

② 그는 노란색 야구 모자를 쓰고 있다.
yellow
----

③ 그는 빨간색 야구 모자를 쓰고 있다.
red
----

④ 그는 초록색 야구 모자를 쓰고 있다.
green
----

⑤ 그는 빨간색 야구 모자를 쓰고 있니?
red
----

⑥ 그는 노란색 야구 모자를 쓰고 있니?
yellow
----

⑦ 그는 초록색 야구 모자를 쓰고 있니?
green
----

⑧ 그는 파란색 야구 모자를 쓰고 있니?
blue

● 단수형인 a cap을 which 이하가 설명해 주는 것이므로 is를 써요.

낭·독·하·기 ☐☐☐☐☐ 　암·송·하·기 ○○○○○

She is doing a crossword puzzle that is difficult.
그녀는 어려운 십자말 풀이를 하고 있다.

Is she doing a crossword puzzle that is difficult?
그녀는 어려운 십자말 풀이를 하고 있니?

우리말 뜻을 참고하여 영어로 표현하세요.

 일치

1 그는 어려운 십자말 풀이를 하고 있다.
　He

2 니콜은 어려운 십자말 풀이를 하고 있다.
　Nicole

3 그들은 어려운 십자말 풀이를 하고 있다.
　They

4 조던은 어려운 십자말 풀이를 하고 있다.
　Jordan

 의문

5 그는 어려운 십자말 풀이를 하고 있니?
　he

6 그들은 어려운 십자말 풀이를 하고 있니?
　they

7 니콜은 어려운 십자말 풀이를 하고 있니?
　Nicole

8 조던은 어려운 십자말 풀이를 하고 있니?
　Jordan

● do a crossword puzzle 십자말 풀이를 하다

There is a new *mall* that just opened.
이제 막 문을 연 새로운 쇼핑몰이 있다.

Is there a new *mall* that just opened?
이제 막 문을 연 새로운 쇼핑몰이 있니?

우리말 뜻을 참고하여 영어로 표현하세요.

① 이제 막 문을 연 새로운 슈퍼마켓이 있다.
   supermarket

② 이제 막 문을 연 새로운 식당이 있다.
   restaurant

③ 이제 막 문을 연 새로운 식료품점이 있다.
   grocery store

④ 이제 막 문을 연 새로운 편의점이 있다.
   convenience store

⑤ 이제 막 문을 연 새로운 슈퍼마켓이 있니?
   supermarket

⑥ 이제 막 문을 연 새로운 식당이 있니?
   restaurant

⑦ 이제 막 문을 연 새로운 편의점이 있니?
   convenience store

⑧ 이제 막 문을 연 새로운 식료품점이 있니?
   grocery store

🌸 **just** (동사 과거형 앞에 놓여) 이제 막, 방금

She likes food which is organic and good for *her* health.
그녀는 유기농으로 기른 건강에 좋은 식품을 좋아한다.

Does she like food which is organic and good for *her* health?
그녀는 유기농으로 기른 건강에 좋은 식품을 좋아하니?

우리말 뜻을 참고하여 영어로 표현하세요.

1. 그는 유기농으로 기른 건강에 좋은 식품을 좋아한다.
   He/his

2. 그들은 유기농으로 기른 건강에 좋은 식품을 좋아한다.
   They/their

3. 그녀의 부모님은 유기농으로 기른 건강에 좋은 식품을 좋아한다.
   Her parents/their

4. 그 여자는 유기농으로 기른 건강에 좋은 식품을 좋아한다.
   The woman/her

5. 그는 유기농으로 기른 건강에 좋은 식품을 좋아하니?
   he/his

6. 그들은 유기농으로 기른 건강에 좋은 식품을 좋아하니?
   they/their

7. 그 여자는 유기농으로 기른 건강에 좋은 식품을 좋아하니?
   the woman/her

8. 그녀의 부모님은 유기농으로 기른 건강에 좋은 식품을 좋아하니?
   her parents/their

● organic 유기농의, 유기농으로 기른 ● health 건강

I liked the *painting* that was hanging on the wall.
나는 벽에 걸려 있던 그림이 마음에 들었다.

I didn't like the *painting* that was hanging on the wall.
나는 벽에 걸려 있던 그림이 마음에 들지 않았다.

우리말 뜻을 참고하여 영어로 표현하세요.

❶ 나는 벽에 걸려 있던 지도가 마음에 들었다.
map

❷ 나는 벽에 걸려 있던 사진이 마음에 들었다.
picture

❸ 나는 벽에 걸려 있던 거울이 마음에 들었다.
mirror

❹ 나는 벽에 걸려 있던 시계가 마음에 들었다.
clock

❺ 나는 벽에 걸려 있던 사진이 마음에 들지 않았다.
picture

❻ 나는 벽에 걸려 있던 지도가 마음에 들지 않았다.
map

❼ 나는 벽에 걸려 있던 시계가 마음에 들지 않았다.
clock

❽ 나는 벽에 걸려 있던 거울이 마음에 들지 않았다.
mirror

● hang on the wall 벽에 걸리다

He usually eats the sandwich that has *cheese* inside.

그는 보통 안에 치즈가 들은 샌드위치를 먹는다.

Does he usually eat the sandwich that has *cheese* inside?

그는 보통 안에 치즈가 들은 샌드위치를 먹니?

우리말 뜻을 참고하여 영어로 표현하세요.

① 그는 보통 안에 햄이 들은 샌드위치를 먹는다.
ham

② 그는 보통 안에 소시지가 들은 샌드위치를 먹는다.
sausage

③ 그는 보통 안에 닭 가슴살이 들은 샌드위치를 먹는다.
chicken breast

④ 그는 보통 안에 베이컨이 들은 샌드위치를 먹는다.
bacon

⑤ 그는 보통 안에 햄이 들은 샌드위치를 먹니?
ham

⑥ 그는 보통 안에 베이컨이 들은 샌드위치를 먹니?
bacon

⑦ 그는 보통 안에 소시지가 들은 샌드위치를 먹니?
sausage

⑧ 그는 보통 안에 닭 가슴살이 들은 샌드위치를 먹니?
chicken breast

🌸 inside 안에, 내부에 • usually(대개, 보통)는 80~90%의 빈도를 나타낼 때 써요.

Review

099-104 그림을 보고 영어로 말해 보세요.

UNIT 14

관계대명사 - which·that ②

시작 월 일 :
마침 월 일 :

☆ They laughed at the joke **which**[**that**] she told. (← which[that]+주어+동사)
 = They laughed at the joke she told.
  (← which[that] 생략)
  그들은 그녀가 말한 농담에 웃었다.

He is reading the book **which**[**that**] his teacher recommended. (← which[that]+주어+동사)
 = He is reading the book his teacher recommended. (← which[that] 생략)
  그는 선생님이 추천해 준 책을 읽고 있다.

명사 뒤에 「which[that]+주어+동사(+전치사)」의 형태를 써서 앞의 명사를 설명할 수도 있습니다.
「which[that]+주어+동사(+전치사)」 형태에서는 which나 that을 생략하기도 합니다.

The fruit (that) *I like* best is kiwi.
내가 가장 좋아하는 과일은 키위다.

The fruit (that) *I like* best is not kiwi.
내가 가장 좋아하는 과일은 키위가 아니다.

우리말 뜻을 참고하여 영어로 표현하세요.

일치

① 그가 가장 좋아하는 과일은 키위다.
he _____

② 우리 부모님이 가장 좋아하는 과일은 키위다.
my parents _____

③ 내 친구가 가장 좋아하는 과일은 키위다.
my friend _____

④ 우리 어머니가 가장 좋아하는 과일은 키위다.
my mother _____

⑤ 우리 부모님이 가장 좋아하는 과일은 키위가 아니다.
my parents _____

⑥ 그가 가장 좋아하는 과일은 키위가 아니다.
he _____

⑦ 우리 어머니가 가장 좋아하는 과일은 키위가 아니다.
my mother _____

⑧ 내 친구가 가장 좋아하는 과일은 키위가 아니다.
my friend _____

❋ best 가장 • 우리말로는 '내가 가장 좋아하는 과일'이지만 영어로 표현할 때는 '과일' 뒤에 '내가 가장 좋아하는'이 와요.

낭·독·하·기 ☐☐☐☐☐ | 암·송·하·기 ○○○○○

I found the coat (that) ***my*** mom likes.
나는 우리 엄마가 좋아하는 외투를 발견했다.

I didn't find the coat (that) ***my*** mom likes.
나는 우리 엄마가 좋아하는 외투를 발견하지 못했다.

우리말 뜻을 참고하여 영어로 표현하세요.

일치

① 그는 자기 엄마가 좋아하는 외투를 발견했다.
He/his

② 미아는 자기 엄마가 좋아하는 외투를 발견했다.
Mia/her

③ 그 아이들은 자기들 엄마가 좋아하는 외투를 발견했다.
The children/their

④ 그들은 자기들 엄마가 좋아하는 외투를 발견했다.
They/their

부정

⑤ 그는 자기 엄마가 좋아하는 외투를 발견하지 못했다.
He/his

⑥ 그 아이들은 자기들 엄마가 좋아하는 외투를 발견하지 못했다.
The children/their

⑦ 그들은 자기들 엄마가 좋아하는 외투를 발견하지 못했다.
They/their

⑧ 미아는 자기 엄마가 좋아하는 외투를 발견하지 못했다.
Mia/her

He likes the *jacket* (that) you chose.
그는 네가 고른 재킷을 마음에 들어 한다.

Does he like the *jacket* (that) you chose?
그는 네가 고른 재킷을 마음에 들어 하니?

우리말 뜻을 참고하여 영어로 표현하세요.

① 그는 네가 고른 휴대전화기를 마음에 들어 한다.
cellphone

② 그는 네가 고른 운동화를 마음에 들어 한다.
sneakers

③ 그는 네가 고른 바지를 마음에 들어 한다.
pants

④ 그는 네가 고른 책을 마음에 들어 한다.
book

⑤ 그는 네가 고른 책을 마음에 들어 하니?
book

⑥ 그는 네가 고른 바지를 마음에 들어 하니?
pants

⑦ 그는 네가 고른 운동화를 마음에 들어 하니?
sneakers

⑧ 그는 네가 고른 휴대전화기를 마음에 들어 하니?
cellphone

● like 좋아하다, 마음에 들어 하다

This is the only Italian food (that) *he likes*.
이것은 그가 좋아하는 유일한 이탈리아 음식이다.

Is this the only Italian food (that) *he likes*?
이것이 그가 좋아하는 유일한 이탈리아 음식이니?

우리말 뜻을 참고하여 영어로 표현하세요.

1 이것은 미아가 좋아하는 유일한 이탈리아 음식이다.
Mia
_____

2 이것은 그녀가 좋아하는 유일한 이탈리아 음식이다.
she
_____

3 이것은 카터가 좋아하는 유일한 이탈리아 음식이다.
Carter
_____

4 이것은 그들이 좋아하는 유일한 이탈리아 음식이다.
they
_____

5 이것이 그녀가 좋아하는 유일한 이탈리아 음식이니?
she
_____

6 이것이 그들이 좋아하는 유일한 이탈리아 음식이니?
they
_____

7 이것이 미아가 좋아하는 유일한 이탈리아 음식이니?
Mia
_____

8 이것이 카터가 좋아하는 유일한 이탈리아 음식이니?
Carter
_____

● only 유일한, 하나 밖에 없는 ● Italian 이탈리아의

Those are the *books* (that) I want to buy.
저것들이 내가 사고 싶은 책들이다.

Those are not the *books* (that) I want to buy.
저것들은 내가 사고 싶은 책들이 아니다.

우리말 뜻을 참고하여 영어로 표현하세요.

❶ 저것들이 내가 사고 싶은 잡지들이다.
   magazines

❷ 저것들이 내가 사고 싶은 만화책들이다.
   comic books

❸ 저것들이 내가 사고 싶은 소설책들이다.
   novels

❹ 저것들이 내가 사고 싶은 공책들이다.
   notebooks

❺ 저것들은 내가 사고 싶은 공책들이 아니다.
   notebooks

❻ 저것들은 내가 사고 싶은 잡지들이 아니다.
   magazines

❼ 저것들은 내가 사고 싶은 만화책들이 아니다.
   comic books

❽ 저것들은 내가 사고 싶은 소설책들이 아니다.
   novels

낭·독·하·기 ☐☐☐☐☐☐ 암·송·하·기 ○○○○○

I went to the restaurant (which) you told *me* about.
나는 네가 나에게 얘기해 주었던 식당에 갔다.

I didn't go to the restaurant (which) you told *me* about.
나는 네가 나에게 얘기해 주었던 식당에 가지 않았다.

우리말 뜻을 참고하여 영어로 표현하세요.

1 그는 네가 그에게 얘기해 주었던 식당에 갔다.
He/him
_____

2 그녀는 네가 그녀에게 얘기해 주었던 식당에 갔다.
She/her
_____

3 우리는 네가 우리에게 얘기해 주었던 식당에 갔다.
We/us
_____

4 그 학생들은 네가 그들에게 얘기해 주었던 식당에 갔다.
The students/them
_____

5 그녀는 네가 그녀에게 얘기해 주었던 식당에 가지 않았다.
She/her
_____

6 그 학생들은 네가 그들에게 얘기해 주었던 식당에 가지 않았다.
The students/them
_____

7 우리는 네가 우리에게 얘기해 주었던 식당에 가지 않았다.
We/us
_____

8 그는 네가 그에게 얘기해 주었던 식당에 가지 않았다.
He/him
_____

Review

105-110 그림을 보고 영어로 말해 보세요.

UNIT 15

관계대명사 - what

시작   월   일   :
마침   월   일   :

☆ **What** *you have done is really great.* (← what+주어+동사: 주어)
네가 한 일은 정말 대단하다.

This is **what** *she ordered.* (← what+주어+동사: 보어)
이것은 그녀가 주문한 것이다.

He said **what** *was on his mind.* (← what+동사: 목적어)
그는 마음 속에 있는 것을 말하였다.

관계대명사 what은 설명할 명사를 포함하고 있어서 문장의 주어와 보어, 목적어로 쓰일 수 있습니다.
'∼한 것' 또는 '∼한'이라고 해석합니다.

What *he says* makes me happy.
그가 하는 말이 나를 기쁘게 한다.

What *he says* doesn't make me happy.
그가 하는 말이 나를 기쁘게 하지 않는다.

우리말 뜻을 참고하여 영어로 표현하세요.

1 그녀가 하는 말이 나를 기쁘게 한다.
she

2 그들이 하는 말이 나를 기쁘게 한다.
they

3 내 친구가 하는 말이 나를 기쁘게 한다.
my friend

4 그 아이들이 하는 말이 나를 기쁘게 한다.
the children

5 그 아이들이 하는 말이 나를 기쁘게 하지 않는다.
the children

6 내 친구가 하는 말이 나를 기쁘게 하지 않는다.
my friend

7 그들이 하는 말이 나를 기쁘게 하지 않는다.
they

8 그녀가 하는 말이 나를 기쁘게 하지 않는다.
she

❋ make+A+형용사: A를 ~한 상태로 만들다 • 「what+동사」, 「what+주어+동사」 형태가 문장의 주어 자리에 올 수 있어요.

What he said *impressed* me.
그가 한 말에 나는 감동되었다.

What he said didn't *impress* me.
그가 한 말에 나는 감동되지 않았다.

우리말 뜻을 참고하여 영어로 표현하세요.

① 그가 한 말에 나는 충격 받았다.
shocked

② 그가 한 말에 나는 기뻤다.
pleased

③ 그가 한 말에 나는 우울해졌다.
depressed

④ 그가 한 말에 나는 용기를 얻었다.
encouraged

⑤ 그가 한 말에 나는 용기를 못 얻었다.
encourage

⑥ 그가 한 말에 나는 우울해지지 않았다.
depress

⑦ 그가 한 말에 나는 기쁘지 않았다.
please

⑧ 그가 한 말에 나는 충격 받지 않았다.
shock

● depress 우울하게 하다 ● encourage 용기를 주다

This is exactly what *he wants*.
이것이 바로 그가 원하는 것이다.

Is this exactly what *he wants*?
이것이 바로 그가 원하는 거니?

우리말 뜻을 참고하여 영어로 표현하세요.

일치

1 이것이 바로 미아가 원하는 것이다.
Mia

2 이것이 바로 그녀가 원하는 것이다.
she

3 이것이 바로 그들이 원하는 것이다.
they

4 이것이 바로 조던이 원하는 것이다.
Jordan

5 이것이 바로 그녀가 원하는 거니?
she

6 이것이 바로 그들이 원하는 거니?
they

7 이것이 바로 미아가 원하는 거니?
Mia

8 이것이 바로 조던이 원하는 거니?
Jordan

exactly 정확하게, 바로

That's what I want to *explain* to you.
그것이 내가 너에게 설명하고 싶은 것이다.

That's not what I want to *explain* to you.
그것은 내가 너에게 설명하고 싶은 것이 아니다.

우리말 뜻을 참고하여 영어로 표현하세요.

① 그것이 내가 너에게 주고 싶은 것이다.
give
----

② 그것이 내가 너에게 말하고 싶은 것이다.
say
----

③ 그것이 내가 너에게 보내주고 싶은 것이다.
send
----

④ 그것이 내가 너에게 가져가고 싶은 것이다.
bring
----

⑤ 그것은 내가 너에게 가져가고 싶은 것이 아니다.
bring
----

⑥ 그것은 내가 너에게 보내주고 싶은 것이 아니다.
send
----

⑦ 그것은 내가 너에게 말하고 싶은 것이 아니다.
say
----

⑧ 그것은 내가 너에게 주고 싶은 것이 아니다.
give

※ 「want to+동사원형」 ~하고 싶어 하다

I know what you mean.
나는 네가 의미하는 바를 잘 안다.

I don't know what you mean.
나는 네가 의미하는 바를 잘 모른다.

우리말 뜻을 참고하여 영어로 표현하세요.

❶ 그는 네가 의미하는 바를 잘 안다.
He

❷ 그녀는 네가 의미하는 바를 잘 안다.
She

❸ 우리는 네가 의미하는 바를 잘 안다.
We

❹ 그들은 네가 의미하는 바를 잘 안다.
They

❺ 그는 네가 의미하는 바를 잘 모른다.
He

❻ 그녀는 네가 의미하는 바를 잘 모른다.
She

❼ 그들은 네가 의미하는 바를 잘 모른다.
They

❽ 우리는 네가 의미하는 바를 잘 모른다.
We

● mean 의미하다

낭·독·하·기 ☐☐☐☐☐ 암·송·하·기 ○○○○○

Logan found what ***he was*** looking for.
로건은 그가 찾고 있던 것을 발견했다.

Did Logan find what ***he was*** looking for?
로건은 그가 찾고 있던 것을 발견했니?

우리말 뜻을 참고하여 영어로 표현하세요.

일치

1. 미아는 그녀가 찾고 있던 것을 발견했다.
   Mia/she
   _____

2. 그의 형은 그가 찾고 있던 것을 발견했다.
   His brother/he
   _____

3. 그의 누나는 그녀가 찾고 있던 것을 발견했다.
   His sister/she
   _____

4. 그의 부모님은 그들이 찾고 있던 것을 발견했다.
   His parents/they
   _____

의문

5. 그의 부모님은 그들이 찾고 있던 것을 발견했니?
   his parents/they
   _____

6. 그의 누나는 그녀가 찾고 있던 것을 발견했니?
   his sister/she
   _____

7. 미아는 그녀가 찾고 있던 것을 발견했니?
   Mia/she
   _____

8. 그의 형은 그가 찾고 있던 것을 발견했니?
   his brother/he
   _____

● look for는 '~을 찾다'로 찾고 있는 과정에 중점을 둬요. find 역시 '찾다, 발견하다'지만 찾아낸 결과에 중점을 둔 단어로 쓰임이 다르니 구별해서 사용하세요.

Jordan is telling her what he *saw*.
조던은 그가 본 것을 그녀에게 얘기하고 있다.

Is Jordan telling her what he *saw*?
조던은 그가 본 것을 그녀에게 얘기하고 있니?

우리말 뜻을 참고하여 영어로 표현하세요.

① 조던은 그가 했던 것을 그녀에게 얘기하고 있다.
did

② 조던은 그가 원했던 것을 그녀에게 얘기하고 있다.
wanted

③ 조던은 그가 좋아했던 것을 그녀에게 얘기하고 있다.
liked

④ 조던은 그가 체험했던 것을 그녀에게 얘기하고 있다.
experienced

⑤ 조던은 그가 체험했던 것을 그녀에게 얘기하고 있니?
experienced

⑥ 조던은 그가 원했던 것을 그녀에게 얘기하고 있니?
wanted

⑦ 조던은 그가 좋아했던 것을 그녀에게 얘기하고 있니?
liked

⑧ 조던은 그가 했던 것을 그녀에게 얘기하고 있니?
did

● tell A B　A에게 B를 말하다

He asked me what happened to my mother.
그는 내게 우리 어머니에게 일어난 일을 물었다.

He didn't ask me what happened to my mother.
그는 내게 우리 어머니에게 일어난 일을 묻지 않았다.

우리말 뜻을 참고하여 영어로 표현하세요.

① 그녀는 내게 우리 어머니에게 일어난 일을 물었다.
She

② 그들은 내게 우리 어머니에게 일어난 일을 물었다.
They

③ 선생님은 내게 우리 어머니에게 일어난 일을 물었다.
The teacher

④ 조던은 내게 우리 어머니에게 일어난 일을 물었다.
Jordan

⑤ 조던은 내게 우리 어머니에게 일어난 일을 묻지 않았다.
Jordan

⑥ 그들은 내게 우리 어머니에게 일어난 일을 묻지 않았다.
They

⑦ 선생님은 내게 우리 어머니에게 일어난 일을 묻지 않았다.
The teacher

⑧ 그녀는 내게 우리 어머니에게 일어난 일을 묻지 않았다.
She

❋ ask A B A에게 B를 묻다 • happen 일어나다, 발생하다

I'm thinking about what Jordan said.
나는 조던이 말한 것에 대해 생각하고 있다.

I'm not thinking about what Jordan said.
나는 조던이 말한 것에 대해 생각하고 있지 않다.

우리말 뜻을 참고하여 영어로 표현하세요.

① 그는 조던이 말한 것에 대해 생각하고 있다.
He

② 그녀는 조던이 말한 것에 대해 생각하고 있다.
She

③ 우리는 조던이 말한 것에 대해 생각하고 있다.
We

④ 그들은 조던이 말한 것에 대해 생각하고 있다.
They

⑤ 그들은 조던이 말한 것에 대해 생각하고 있지 않다.
They

⑥ 그녀는 조던이 말한 것에 대해 생각하고 있지 않다.
She

⑦ 우리는 조던이 말한 것에 대해 생각하고 있지 않다.
We

⑧ 그는 조던이 말한 것에 대해 생각하고 있지 않다.
He

❋ 「what+주어+동사」, 「what+동사」가 about, of 같은 전치사의 목적어로 올 수 있어요.

They listen carefully to what the *teacher* says.
그들은 선생님이 하는 말을 주의 깊게 듣는다.

Do they listen carefully to what the *teacher* says?
그들은 선생님이 하는 말을 주의 깊게 듣니?

우리말 뜻을 참고하여 영어로 표현하세요.

① 그들은 그 학생이 하는 말을 주의 깊게 듣는다.
student
_____

② 그들은 그 남자가 하는 말을 주의 깊게 듣는다.
man
_____

③ 그들은 의사가 하는 말을 주의 깊게 듣는다.
doctor
_____

④ 그들은 강사가 하는 말을 주의 깊게 듣는다.
instructor
_____

⑤ 그들은 강사가 하는 말을 주의 깊게 듣니?
instructor
_____

⑥ 그들은 의사가 하는 말을 주의 깊게 듣니?
doctor
_____

⑦ 그들은 그 남자가 하는 말을 주의 깊게 듣니?
man
_____

⑧ 그들은 그 학생이 하는 말을 주의 깊게 듣니?
student
_____

● listen to …을 귀 기울여 듣다

Review

111-120 그림을 보고 영어로 말해 보세요.

"영어로 입이 열리는 감동"

영어 낭독 훈련 실천 다이어리
박광희 · 캐나다 교사 영낭훈 연구팀 지음 | 400쪽(3권 합본) | 18,000원 | MP3 CD 1

**영어로 유창하게 말하고 싶다면
지금 당장 하루 20분 영어 낭독 훈련을 시작하라!**

▶ 수준별 3단계로 구성되어 있어 누구나 쉽게 낭독 훈련에 도전할 수 있게 해 준다.

▶ Picture Telling(사진 보고 설명하기) 20편, Tale Telling(동화 읽기) 15편, Novel Telling(소설 읽기) 15편이 각 권으로 분리되어 있어 휴대 학습이 가능하다.

▶ 예쁜 삽화가 곁들여져 있어 스토리북을 읽듯 부담 없이 100일 영어 낭독 훈련을 완주할 수 있다.

▶ 전문 성우의 정확한 발음과 끊어 읽기가 담긴 MP3 CD가 부록으로 제공되며 사람in 홈페이지(www.saramin.com)에서 무료로 다운로드 가능하다.

▶ 더도 말고 덜도 말고 '하루 20분씩 100일' 동안만 '영낭훈'에 시간을 투자해 보라. 100일 후 굳이 평가나 테스트를 받아보지 않더라도 달라진 자신의 스피킹 실력에 스스로가 놀라게 될 것이다.

주니어 영어 낭독 훈련 시리즈
박광희 · 캐나다 교사 영낭훈 연구팀 지음 | 12,000원 | MP3 CD 1

**낭독과 회화 훈련을 동시에 병행하면서
궁극적으로 스피킹의 기본기를 체득할 수 있는
주니어를 위한 영어 낭독 훈련 교재**

▶ 집과 학교에서 접할 수 있는 실제 생활과 취미, 여가생활에 관한 내용들로 구성했다.

▶ 영어로 설명하고, 대화하는 훈련을 단계별로 실천함으로써 영어 회화의 첫 걸음을 뗄 수 있다.

I Can Talk 시리즈로 영어 낭독을 하면서 입을 열어 보세요.

Level	Picture Talk 사진 보며 말하기	Topic Talk 주제에 대해 말하기
1 (입문 · Beginner)	집과 학교에서 접할 수 있는 생활 모습을 생생하게 포착한 20장의 사진들을 영어로 설명하고, 대화하는 훈련을 합니다.	Picture Talk 1과 관련된 주제에 대해 일관성과 연계성을 가진 텍스트와 함께 스피킹을 효과적으로 학습합니다.
2 (기초 · Basic)	취미 또는 여가생활에 관한 모습을 생생하게 포착한 20장의 사진들을 영어로 설명하고, 대화하는 훈련을 합니다.	Picture Talk 2와 관련된 주제에 대해 일관성과 연계성을 가진 텍스트와 함께 스피킹을 효과적으로 학습합니다.

"영어가 입에서 불어나는 즐거움"

영어 암송 훈련 시리즈

박광희 · 캐나다 교사 영낭훈 연구팀 지음
1권 14,800원 | 2권 12,600원 | 3권 12,800원 |
논어 채근담 13,800원 | 성경 13,800원
부록 : CD 1장 (MP3 파일 + 플래시 카드 PDF)

내 몸이 기억하게 하는 3단계 영어 암송 훈련 시스템!

▶ 암송으로 영어 말문을 효과적으로 열려면 양이 아니라 질이다.

▶ 기초 회화 120문장, 일상 스피치에 필요한 120문장, 의견 · 주장 말하기 120문장, 묘사 · 설명하기 120문장, 질문 · 답변 실전회화문 240문장, 동양 고전 200문장, 성경 구절 200문장을 엄선해서 제시한다.

▶ 플래시카드, 따라 말하기, 통역하기, 이어 말하기, 받아쓰기의 5가지 암송 테크닉을 알려주며 문장을 완전히 '체화' 해 강력한 스피킹 DB를 구축하도록 한다.

▶ 눈으로 읽고 귀로 듣는 것에 그치지 않고, 말하는 훈련을 통해 말할 수 있는 영어를 익히도록 이끌어 준다.

주니어 영어 암송 훈련 시리즈

박광희 · 캐나다 교사 영낭훈 연구팀 지음
1~4권 10,000원 | 5~6권 11,000원
부록 : CD 1장 (MP3 파일 + 플래시 카드 PDF)

내 몸이 기억할 때까지 암송해야 스피킹이 폭발적으로 터진다!

▶ 1-2권 (Classroom & Home) 영어 암송 훈련을 처음 시작하는 초등학생.
학교나 가정에서 실용적으로 쓰이는 200문장을 암송 훈련한다.

▶ 3-4권 (Fun & Lifestyle) 영어 암송 훈련에 익숙해지고 관심사가 다양해지는 시기의 초등학생.
친구들과 자신의 취미와 여가활동에 대해 이야기하고 관심사를 나누는 표현들을 암송 훈련한다.

▶ 5-6권 (Language Arts, Social Studies, Music & Math, Science, Art) 영어 암송 훈련에 완전히 익숙해졌고 더 길고 다양한 문장을 영어로 얘기하고 싶은 초등학생.
언어, 사회, 음악, 수학, 과학, 미술 등 미국 및 캐나다의 초등학교에서 배우는 주요 학교 과목들의 내용을 영어로 익힌다.